中国新股民全书

股海扬帆◎著

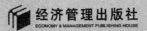
经济管理出版社
ECONOMY & MANAGEMENT PUBLISHING HOUSE

图书在版编目（CIP）数据

中国新股民全书/股海扬帆著. —北京：经济管理出版社，2015.1（2015.4 重印）
ISBN 978-7-5096-3423-3

Ⅰ.①中… Ⅱ.①股… Ⅲ.①股票市场—基本知识—中国 Ⅳ.①F832.51

中国版本图书馆 CIP 数据核字（2014）第 238979 号

组稿编辑：勇　生
责任编辑：勇　生　王　聪
责任印制：黄章平
责任校对：超　凡

出版发行：经济管理出版社
　　　　　（北京市海淀区北蜂窝 8 号中雅大厦 A 座 11 层　100038）
网　　址：www. E-mp. com. cn
电　　话：（010）51915602
印　　刷：三河市延风印装厂
经　　销：新华书店
开　　本：720mm×1000mm/16
印　　张：16.75
字　　数：210 千字
版　　次：2015 年 2 月第 1 版　　2015 年 4 月第 2 次印刷
书　　号：ISBN 978-7-5096-3423-3
定　　价：38.00 元

前 言

　　股票市场是一个相对专业的市场，虽然一买一卖这两个操作很简单，但要想从这一买一卖的操作中获取利润，却是一门大学问。炒股需要知识储备，也需要了解常用的交易术语，对于新入市的股民朋友来说，快速地展开一笔交易，快速地了解股市的交易常识、概念性的内容，快速地掌握炒股软件的使用方法，成功地实施中短线交易，这些都是我们需要迫切完成的任务。如何在最短的时间内以最高的效率完成它们呢？我们需要一个循序渐进的学习过程。本书以读者自学过程为线索，以帮助新手变成老手为目的，力图在最短的时间带领读者打开股市获利之门。

　　本书共分三篇："第一篇 炒股入门知识点细解"、"第二篇 学会使用炒股软件"、"第三篇 股票新手实战指南"，它们是一个有机整体，每一篇内容都是后一篇的基础，通过阅读本书，读者可以建立起自己的炒股知识系统，从而为后续的学习打下良好的基础。

　　在第一篇中，我们从基础着手，以展开一笔真正的交易为线索，讲解了与股市、股票、交易等有关的知识点，力求带领读者在最短的时间内、在轻松的氛围中掌握这些必备的炒股知识。这一篇共有五个章节，是全书的重点内容，这五章的内容从各个方位着手，可以帮助股票新手打下坚实的炒股基础。

　　在第二篇中，我们以大智慧新一代这个功能强大、效率极高的炒股软件为对象，讲解其基本使用方法、综合操作方法及实战分析功能。学好这一部分内容，我们就可以真正地拥有一件炒股的利器，从而准确地把握市场的脉动。"工欲善其事，必先利其器"，快速地学会并尽量精通炒股软件，将会使我们的操作能力更进一步。无论是对于 K 线走势的解读，还是盘中实时查看股价的变动，抑或是通过委买委卖盘分析多空力量的对比，我们都需要从炒股软件中来获取信息。

　　在第三篇中，我们将结合实战操作，讲解如何利用各种不同的方法进行买卖，我们从趋势、K 线与量能形态、反转形态这三个不同的角度展开。其中的"趋势"是一次买卖所首要关注的因素；K 线与量能形态是我们最常用的技术分析手段，它既适用于短线，也适用于中长线；反转形态则有助于我们从中长线的角度实现轻松获利、规避风险的目的。

股市所带给我们的利润固然是喜人的，但我们也应注意股市的风险，只有准确地把握住机会、规避掉风险，我们才能成为股市中的赢家，才能真真正正地由一名股票新手晋升为一名成功的投资者，这是一种跨越，也是一种转变，希望本书可以实实在在地帮助股票新手成功地打开获利之门。

目　录

第一篇　炒股入门知识点细解

第二篇 学会使用炒股软件

第三篇　股票新手实战指南

第一篇

炒股入门知识点细解

股票市场是一个相对专业的市场，虽然一买一卖这两个操作很简单，但要想从这一买一卖的操作中获取利润，却是一门大学问。炒股需要知识储备，也需要了解常用的交易术语，本篇中，我们从基础着手，以展开一笔真正的交易为线索，来讲解与股市、股票和交易等有关的知识点，力求带领读者在最短的时间内，在轻松的氛围中掌握这些必备的炒股知识。

第一章 实施你的第一笔股票交易

虽然预测股票价格走势的方法多种多样、相对复杂，但其具体的交易方式却很简单。股票交易只有一买一卖两个操作，买在前，卖在后，在买入股票后，如果股价上涨，则我们就获利了；反之，如果股价下跌，则我们就出现了亏损。本着入门及实盘操作的理念，为了使股票新手更切实地"触摸"到这个市场，本章中，我们结合基本的股票概念、入市流程、具体的买卖方式等实用性内容，来帮助读者实施第一笔股票交易。图1-1以流程图的方式标示了实施一笔股票交易所涉及的细节，读者可以结合此图来学习本章的内容。

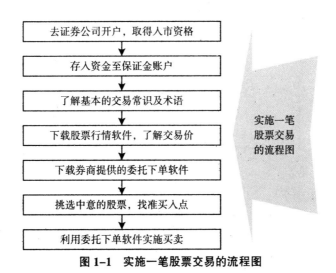

图1-1 实施一笔股票交易的流程图

● 进入股市要先开户

● 一笔交易涉及的术语

● 下载安装股票行情软件

● 利用交易软件挂买卖单

第一节　进入股市要先开户

本节要点概览

1. 什么是开户

2. 在哪里开户

3. 股东账户与资金账户

4. 哪些人员不得开户

节前概述

炒股，需要先开户，开户是投资者进入股市前必须要走的一步。那么，什么是开户？在哪里开户？开户需携带哪些资料呢？对于这些问题，是徘徊在股市大门之外的新手迫切需要了解的内容，本节中，我们就来逐一了解它们。

一、什么是开户

开户 ➡ 在银行存款需要开设储蓄账户；同理，在股市进行交易也需开设股票账户。开户，也就是开设账户。投资者在开设账户之后，证券交易所就可以依据账户号码来识别、管理投资者。投资者的每一笔交易也会反映到其所对应的账户上。

二、在哪里开户

开户，需要到证券公司办理手续。证券公司也称为券商，它是投资者与证券交易所的中介机构，其主要职能就是接受投资者的买卖申报，为投资者代理买卖股票，并从中收取一定的佣金。证券交易所则是股票交易的场所，所有的股票交易都在交易所发生，但投资者分散在各地且数量庞大，不可能每进行一笔交易都要去交易所。因而，投资者通过在券商处开户，通过向券商发送买卖指令，由券商在证券交易代理买卖就是一种切实可行的方法。

国内的证券公司有很多，像海通证券、中信证券、东北证券、招商证券、华泰证券等，在选择券商时，我们可重点关注两点：一是它的佣金收取比例；二是它的网络服务能力。对于网络服务能力来说，由于现在的股票交易都是通过网上交易的方式实施的，因此，好的网络服务能力可以让我们依据股票行情的实时变化情况在第一时间内完成交易，不至于错过最佳的买股时间、卖股时间。

佣金

佣金是指券商在代理投资者买卖股票时，当一笔股票交易达成后，券商从中收取的劳务费。一般来说，佣金的上限不超过成交金额的3‰（单向），不设下限，至于具体的收取比例，券商会结合市场情况进行收取。投资者在选择券商时应问清其佣金的收取比例。

小提示 1

国内券商数量众多，投资者在选择时，可以挑选那些佣金较低、网络服务较好的券商进行开户。如果投资所在地的证券分公司较多，则不妨货比三家。一般来说，券商的知名度可以体现其网络服务能力，而具体的佣金则高低不一，如果我们从事短线交易，那么，选择一家佣金较低的券商，一年下来，也会省下不少银子。

小提示 2

去证券公司柜台处开户时，投资者需携带身份证原件、复印件（3~6张），为他人代理开户的则需要代理人与被代理人的身份证原件及复印件。此外，在进行开户时，投资者还要与券商签订代理买卖合同、风险揭示书等文件，对这些文件的内容及签订方法等事项，投资者可在柜台服务人员的指导下完成。

三、股东账户与资金账户

开户，是一个相对笼统的概念，在开户时，一般要开设两个账户，一个为股东账户，另一个为资金账户。股东账户用于记录投资者的每笔交易细节，资金账户则用于管理投资者的资金。

股东账户 ➡ 股东账户是由中国证券登记结算有限责任公司为投资者开出的记载其证券持有及变更的权利凭证，也是证券交易所管理、记录投资者交易时所用到的。在开户时，投资者会得到一张股东账户卡，上面标有股东账户的号码。

小提示 1

投资者的股东账户号码就如同公民的身份证号码一样，它与投资者是一一对应的。由于股市是以证券所为组织、管理的基本单位，而国内有两家证券交易所（上海证券交易所、深圳证券交易所），因而，投资者应分别开设上证 A 股股东账户与深证 A 股股东账户（注：A 股是境内投资者参与交易的市场，在下一章中，我们则会详述这一概念）。

资金账户 ➡ 也称为保证金账户，它是对股票交易过程中所发生的资金变化进行资金管理的一个账户，是一种由相应银行托管资金、由券商从事核算的资金管理平台。

小提示 2

每次买卖交易结束后，资金账户的结算由券商负责完成，但是具体的资金却是由银行托管的，券商只负责结算，并无存取权限，资金账户的存取权限仅限于投资者个人。因而，投资者不用担心其炒股资金会被券商或其他中介机构挪用。

小提示 3

在券商处办理完股东账户后，保证金账户一般需要去银行办理。而且，投资者在转入、转出炒股资金时，也需要到银行办理，当然，投资者也可以在银行开通网银服务，这样，就可以利用互联网转入、转出炒股资金了。

四、哪些人员不得开户

根据国家有关规定，下列人员不得开设 A 股证券账户：

（1）证券主管机关中管理证券事务的有关人员。

（2）证券交易所管理人员。

（3）证券经营机构中与股票发行或交易有直接关系的人员。

（4）与发行人有直接行政隶属或管理关系的机关工作人员。

（5）其他与股票发行或交易有关的知情人。

（6）未成年人或无行为能力的人以及没有公安机关颁发的身份证的人员。

（7）由于违反证券法规，主管机关决定停止其证券交易，期限未满者。

（8）其他法规规定不得拥有或参加证券交易的自然人，包括武警、现役军人等。

（9）证券从业人员及国家机关处级以上干部、现役军人等不得参与股票交易，但可以开立基金账户，买卖基金和债券。

第二节　一笔交易涉及的术语

本节要点概览

1. 股票名称与代码

2. 最小交易单位

3. 交易时间

4. 集合竞价、开盘价……

5. 做多机制

6. T+1 交易制度

7. 涨跌幅限制制度

8. 停复牌制度

9. 多方与空方

节前概述

在实际展开一笔交易前，有一些基本术语是必须要知道的。虽然这些交易术语是最基本的，但对于股票交易者来说，它们仍是相对陌生的。本节中，我们就来结合一笔真实的交易来看看这些术语有哪些。

一、股票名称与代码

一只具体的股票，是我们买卖的对象，每一只股票都代表着一个企业，我们可以将这样的企业称为上市公司。如果我们看好一只股票，可以将其买入。每一只股票都有一个名称与代码，这是我们识别它、区分它的唯一标识。

例如：中国工商银行股份有限公司是一家上市公司，它在股市中的名称为"工商银行"，其股票代码为"601398"；中国石油天然气股份有限公司也是一家上市公司，它在股市中的名称为"中国石油"，其股票代码为"601857"。

二、最小交易单位

股票的数量单位是"股"，我们常说某只股票的总股本是多少股，就是以"股"为数量单位的，而且，股票的报价方式也是以每股价位为标准的，例如：工商银行在某个交易日的盘中成交价为4.52元，就是指每股的价格。

但是进行股票买卖时，却是以100股为最小成交单位的。100股也可以称为1手（1手=100股），我们在进行买卖申报时，所挂出的委托买卖指令应是100股的整数倍。例如：依据股票的实时成交价，我们可以发出一个委买指令，买入数量为400股（4手），只要我们账户资金余额足够，这张委买单就可以成功挂出。但如果我们填入的买股数量是450股，这显然是不合规范的，这张委买单也是无法成功挂出的。

> **小提示**
>
> 因转股、送股等原因而使得投资者所持有的股票数量不再是100股的整数倍时，投资者在全部卖出时，可以填写手中持股的实际数量。对于转股、送股等概念，我们会在后面的章节中讲解。

三、交易时间

一般来说，在除去法定休息日（周六、周日）、特定的节假日（如：五一、十一、春节等），每周的周一至周五是正常的交易日。除去正式开盘前的集合竞价时间段，每个交易日的连续交易时间段有两个，分别是上午的 9：30~11：30，下午的 13：00~15：00。

下面我们结合每个交易日的不同时间段来看看集合竞价、开盘价、最高价、最低价以及收盘价这几个概念。

四、集合竞价、开盘价……

每个交易日的 9：15~9：25 为集合竞价时间，集合竞价并不是连续的交易，它主要是用于确定开盘价，在这段时间内投资者依据个股当日的消息面、昨日的收盘价等因素来进行集中买卖报价，交易所会根据最大成交量原则来确定当日的开盘价。

所谓的最大成交量原则，就是指如果某一价位上挂出的买卖单数量最大，则这一价位就是成交量最大的价位，也就是开盘价。

9：30 正式开盘时的成交价是开盘价，它是一个交易日开始的价位，与之相对的则是收盘价，15：00 正式收盘时的成交价是收盘价，它是一个交易日的结束价位。开盘价低于收盘价，则个股当日处于上涨状态；反之，如果开盘价高于收盘价，则个股当日处于下跌状态。

最高价与最低价这两个概念很好理解，它们是个股当日交投过程中所出现的最高成交价位与最低成交价位。

小提示

9：15~9：20 所挂出的买卖申报单可以自行撤回，但在 9：25~9：30 所挂出的买卖单则只能在 9：30 开盘后未成交的情况下才可以撤回，这一点是我们需要注意的。

五、做多机制

做多机制也就是先买后卖的机制，"做多"这一概念是相对于期货、外汇市场中的"做空"而言的。下面我们先来看看这两种交易机制的区别。

是指投资者通过先买入再卖出的顺序来完成一笔交易。在做多机制下，投资者若想获利，低买高卖是唯一的途径。如果投资者在买入一只股票后，它不涨反跌，则将面临亏损。

是指投资者通过先卖出再买入的顺序来完成一笔交易。在做空机制下，投资者若想获利，高卖低买是唯一的途径。

小提示

外汇与期货市场是做多机制与做空机制并存、并重的市场。而对于股票市场来说，则是一个完完全全的做多机制市场。虽然我国在2010年推出了融券业务使得极少量股票具备了做空资格，但由于交易成本过高、交易额度过大，使得这些股票的做空买卖并不适于普通投资者参与。

六、T+1 交易制度

"T+1"是国内股市的一种交易制度，它是指投资者在买入一只股票后，要等到下一交易日才能够卖出。这一项制度有利于控制一些投机者过于频繁的短线交易，从而保证股票交易的稳定、有序。

小提示

如果我们当日追涨买入了一只个股，而此股在盘中的随后走势却较为疲软，基于T+1交易制度的限制，则我们当日就不能及时卖出此股、规避风险了。因而，若非对个股的强势运行较有把握，我们不应在盘中盲目地追涨买股。

七、涨跌幅限制制度

涨跌停板制度是国内股市一种较为独特的交易制度，它的主要作用在于抑制市场短期内的过度投机炒作。这项制度是指上海、深圳两交易所自 1996 年 12 月 26 日起，分别对上市交易的股票（含 A、B 股）、基金类证券的交易实行价格涨跌幅限制，即在一个交易日内，除首日上市的新股之外，上述证券的交易价格相对上一交易日收市价格的涨跌幅度不得超过 10%，超过涨跌限价的委托为无效委托。

在涨跌幅限制制度下，会衍生出两种独特的价格走势形态，它们分别是涨停板与跌停板。

当个股当日的股价达到涨幅上限后，若买盘的力量仍旧强于卖盘的力量，则个股的股价就不会滑落，而是在涨停价位上继续交易。这样，个股就会在涨停价上出现"一"字形的走势，这就是涨停板走势。

当个股当日的股价达到跌幅下限后，若卖盘的力量仍旧强于买盘的力量，则个股的股价就不会上扬，而是在跌停价位上继续交易。这样，个股就会在跌停价上出现"一"字形的走势，这就是跌停板走势。

小提示

基于涨跌幅的限制，我们在当日进行一笔委托时，就不能随意地设置价位了。此外，涨停板给人的直观感觉是买盘力量异常强大，跌停板给人的直观感觉则是卖盘力量异常强大。但若想准确分析个股在涨停或跌停后的走势情况，我们还需全面审视，综合分析。

八、停复牌制度

停牌是指上市公司因某些事项而停止股票交易的制度，复牌则是已停牌的上市公司股票再度可以进行交易。国内上市公司停牌可以分为例行停牌和警示停牌两大类，例行停牌是指上市公司处于基本正常状态，但发生了《上市规则》或《交易规则》要求停牌的重大事项而必须进行停牌。需例行停牌的事项包括：刊登年报、召开股东大会、业绩预警、修改业绩预告、股权激励和利润分配等。警示性停牌是指上市公司或其股票交易出现异常情况，需要停牌以警示投资者注意异常事项或敦促上市公司予以改进。

此外，我们还可以看到这样一种特殊的停牌，"××股份：近三日跌幅偏离超 20% 停牌 1 小时"，或是"××股份：近三日涨幅偏离超 20% 停牌 1 小时"。这种停牌是源于股票交易的一项规定：

连续三个交易日内日收盘价格涨跌幅累计达到±20%（ST、*ST 是±15%）的，属于异常波动，上市公司要在指定的网站公告原因，按时公告的停牌 1 小时，不按时公告的继续停牌直至公告后复牌。

涨幅偏离超 20% 的计算方法为：如个股在第 1 交易日的开盘价为 10 元，而第 3 交易日的收盘价则涨至 $10 \times (1 + 20\%) = 12$ 元的话，在第 4 交易日开盘时上市公司就要公告原因，同时停牌 1 小时，以让投资者注意风险。跌幅偏离超 20% 的计算过程同上，其计算公式为：$10 \times (1 - 20\%) = 8$（元）。

小提示

在一只股票处于停牌期间，我们是无法买卖它的，只能等到复牌后才可以进行买卖。

九、多方与空方

多方，是指对价格的后期走势看涨，从而采取持股待涨或是买股入场的方式的投资者。空方，是指对价格的后期走势看跌，从而采取卖股离场或持币观望的投资者。多方实力较强时，意味着买方的力量更强，此时的股票价格看涨；反之，空方实力较强时，则意味着卖方的力量更强，此时的股票价格看跌。

小提示

多方与空方可以看作是股市中的两大阵营，一方的获胜是建立在另一方失利的基础上的。投资者在进行操作时，会依据自己的判断来选择加入到实力更强的一方中，或者是加入到多方阵营，或者是加入到空方阵营。

第三节　下载安装股票行情软件

本节要点概览

1. 选择一款或几款行情软件

2. 下载并安装行情软件

3. 查看股票成交价

节前概述

在实施一笔交易之前，我们首先要知道所要交易股票的成交价格，这就需要用股票行情软件。股票行情软件是我们查看股票历史价格走势情况、每个交易日盘中实际成交情况的窗口。本节中，我们概述一下使用股票行情软件的流程，在第二篇中，我们将对其展开全面、详细的论述。

一、选择一款或几款行情软件

股票行情软件是一个显示实时行情的工具，它接收证券交易所发来的行情数据并将其显示给投资者，这一功能可以称为"信息接收功能"。就这一功能来说，不同的股票行情软件大同小异，它们之间的区别就在于软件服务商的网络服务质量如何。常用的股票行情软件有大智慧新一代、同花顺、钱龙和通达信等。

除此之外，股票行情软件还提供分析功能。不同的股票行情软件有不同的特色，这种特色就体现在它们在分析功能上的不同。

二、下载并安装行情软件

在下载并安装股票行情软件时，只涉及一些基本的计算机操作。首先，我们要找到下载地址，投资者可以通过百度、Google 等搜索引擎来搜出下载地址（例如：在百度上输入"大智慧新一代 下载"这样的关键字，即可以搜索到这一软件的下载地址），也可以到软件服务商的官方网站下载，或者也可以到一些专门的软件下载站点（如华军软件园、天空软件等）下载。

找到下载地址后，我们即可将其下载到本地计算机上，并进行安装。安装过程较为简单，在此不再赘述，如果投资者不熟悉基本的软件安装方法，则可以参考第二篇的内容。

三、查看股票成交价

在每一个交易日的盘中，打开股票行情软件后，我们可以通过输入股票代码，或者是股票名称，或者是通过动态行情报价界面等方式来实时地查看某只股票或某些股票的实时成交价。例如：输入工商银行的股票代码"601398"并单击键盘上的<Enter>键，我们就可以查看工商银行的实时成交价及历史走势图。

小提示

这一实时成交价就是我们发出买卖指令时的重要参考依据，如果实时成交价在 4.50 元，而我们的委托买入价只有 4.30 元的话，除非个股在当日盘中大跌，否则是很难成交的。

第四节　利用交易软件挂买卖单

本节要点概览

1. 什么是交易软件

2. 利用交易软件买股

3. 利用交易软件卖股

4. 利用交易软件撤单

节前概述

当我们挑选到了中意的股票并认准买股价位后，就可以利用交易软件进行实际的买卖操作。对于老股民来说，这一步是一次实战交易的最后一步，也是最简单的一步。对于新股民来说，在了解了前面所讲解的交易常识后，这一买一卖两个操作是较为简单的。本节中，我们就来看看如何利用交易软件进行最后的具体买卖操作。

一、什么是交易软件

交易软件也称为委托下单软件、委托程序，它由券商提供，虽然不同券商所提供的交易软件界面不尽相同，但其功能却是相同的，就是为股民提供一个发布买卖指令的平台。股民通过交易软件可以实时地发布买卖指令，券商接受指令，并为其进行代理买卖。

小提示

我们可以在所开设账户的券商官方网站下载相应的交易软件，并利用开户所设置的交易密码、股东账户进行登录。利用交易软件，我们可以查看账户的持股情况、资金情况，但交易软件最主要的功能还是买股与卖股。

二、利用交易软件买股

进入交易软件后，我们可以进入其买股功能界面来实施买股操作。图 1-2 为一个典型的买股界面示意图，在这一界面下，我们要填入所买股票的代码、名称、数量以及价位等信息。一般来说，填入股票代码后，软件会自动带出当时的盘中实时成交价、股票名称、可买股票数量等信息。

买股时值得关注的要点是买入价位，我们有两种方式进行选择：

一是以低于当前实时成交价的价位进行买入申报，这种委托申报方式可以称为限价委托。但是这种申报方式未必能成交，如果个股随后没有跌至我们的申报价位，则此笔交易就不会发生；如果我们认为个股在盘中的随后交易时间段会下跌，则可以采取此种申报方式。

二是以当前的实时成交价或是略高于实时成交价进行申报，这种委托申报方式可以称为市价委托。这种方式可以保证我们的委托单实时成交。如果我们认为个股在盘中的随后交易时间段会上涨，则可以采取此种申报方式。

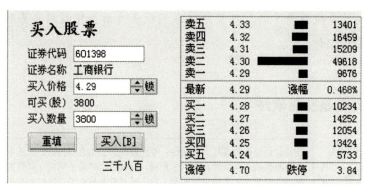

图 1-2 一个典型的买股界面示意图

三、利用交易软件卖股

我们只能卖出手中持有的股票，并且这些持有的股票应是在上一交易日或之前所买入的。图 1-3 为一个典型的卖股界面示意图。卖股时值得关注的要点是卖出价位，我们有两种方式进行选择：

一是以高于当前实时成交价的价位进行卖出申报，这种委托申报方式可以称为限价委托。但是这种申报方式未必能成交，如果个股随后没有涨至我们的申报价位，则此笔交易就不会发生；如果我们认为个股在盘中的随后交易时间段会上涨，则可采取此种申报方式。

二是以当前的实时成交价或是略低于实时成交价进行申报，这种委托申报方式可以称为市价委托。这种方式可以保证我们的委托单实时成交。如果我们认为个股在盘中的随后交易时间段会下跌，则可采取此种申报方式。

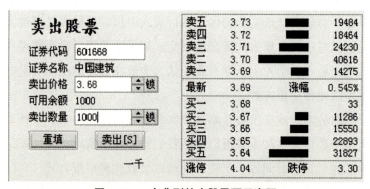

图 1-3 一个典型的卖股界面示意图

四、利用交易软件撤单

对于已委托出去的买单或卖单，只要它还没有成交，我们就可以对其给予撤销操作，这种操作称为撤单。一般来说，在交易软件左侧的功能树或是上方的菜单栏中，会有"撤单"之类的选项或按钮。

小提示

买入、卖出以及撤单，是交易软件的三大主要功能。除此之外，交易软件还可以让我们查询到很多数据，例如：券商的佣金收取额度、当前的持股盈亏情况、详细的交易记录等。善用交易软件，我们就可以更好、更实时地了解到自己股票账户中的资金增减情况。

第二章　股市结构与股票分类

　　我们参与的是股票市场，我们买卖的对象则是具体的股票。为了更好地进行股票交易，我们就应从基础学起，股市结构、个股类型就是其中最为基础且十分重要的两个知识点。本章中，我们将结合股市的组织结构、股票的概念和类型等知识点来学习一些基础的股票知识。

● 鸟瞰国内股市结构
● 探寻股票的实质
● 区分不同类型的股票
● 申购新股的流程

第一节　鸟瞰国内股市结构

本节要点概览

1. 证监会、交易所、券商的三级结构

2. 上市公司

3. 一级市场与二级市场

4. A 股、B 股、H 股

5. 上证 A 股与深证 A 股

节前概述

在股市中，我们常常听到"A 股"、"B 股"、"交易所"、"上市公司"等这样的概念。其实，它们都隶属于同一个大的范畴下，这个范畴就是"股市结构"。

本节中，我们就从这些基本的概念着手，看看国内的股市结构是怎样的。

一、证监会、交易所、券商的三级结构

证监会全称为中国证券监督管理委员会，是国务院直属机构，是全国证券期货市场的主管部门，按照国务院授权履行行政管理职能，依照法律、法规对全国证券、期货业进行集中统一监管，维护证券市场秩序，保障其合法运行。

也称为证券交易所，证券交易所是依据国家的有关法律和行政法规、经国家主管机关批准而设立的、为证券集中竞价交易提供场所的不以营利为目的的法人。

根据国务院批准发布的《证券交易所管理办法》第十一条，证券交易所的职能主要是：

（1）为证券交易提供场所和设施，使投资者得以借此通过证券商买卖证券，保证证券持续流通。

（2）制定证券交易所的业务规则，组织、监督证券交易，促使证券交易公开、公平、公正进行。

（3）接受上市申请、安排证券上市，通过集中、公开的竞价方式形成公平的交易价格。

（4）组织、监督证券交易，管理和公布市场信息，引导投资流向，以利于提高社会资源的有效配置。

（5）对所内挂牌交易的上市公司和参加交易的证券商进行监管，防止欺诈、内幕交易和操纵市场行为，保护投资者的利益。

（6）设立证券登记结算机构，为证券商提供清算、交割和过户等相关服务，保证证券交易顺利完成。

（7）管理和公布市场信息等。

（8）$10 \times (1 - 20\%) = 8$ （元）。

国内有两家证券交易所，它们分别是上海证券交易所、深圳证券交易所。股票只是证券中的一种，证券还包括基金、债券等品种，这两家交易所以股票交易为主，封闭式基金和债券交易为辅，因而，我们也可以将其称为上海股票交易所、深圳股票交易所。

二、上市公司

上市公司 ⟹ 依法公开发行股票，在获得证券交易所审查批准后，其股票在证券交易所上市交易的股份有限公司。上市公司是股份有限责任公司，具有股份有限公司的一般特点。

我们在交易所买卖的股票都是上市公司所发行的，一般来说，上市公司多是同行业中较具实力、盈利能力相对较强的企业。

一家股份制企业要想申请上市，除了要经过层层审核之外，还必须满足一些硬性条件，例如："公司股本总额不少于人民币 5000 万元"、"发行前三年的累计净利润超过 3000 万元人民币"、"发行前三年累计净经营性现金流超过 5000 万元人民币或累计营业收入超过 3 亿元人民币"、"无形资产与净资产比例不超过 20%"、"过去三年的财务报告中无虚假记载。"

三、一级市场与二级市场

股票市场依据其职能，可以分为一级市场与二级市场。一级市场也称为发行市场，它是未上市的股份制公司首次发行股票、募集资金的市场；二级市场则是股票买卖转手、流通的市场。

一家股份制公司其上市申请获得许可后，首先要在一级市场通过发行新股的方式来募集资金，这一过程可称为IPO，IPO是Initial Public Offerings的缩写，中文意思是首次公开募股，也就是首次公开发行股票。随后，这些发行的股票就可以进入到二级市场中流通。

小提示

对于普通投资者来说，平常我们只参与二级市场。投资者参与一级市场的方法是进行"新股申购"，新股申购的具体方式与流程，我们会在本章第三节中讲解。

四、A股、B股、H股

A股、B股、H股这三个概念是以所面向的投资者群体来做的划分。A股面向内地投资者，H股面向香港及境外投资者，B股则是为境外投资者买国内股票提供一个窗口。

A股 ▶ A股是指在中国内地注册的股份有限公司并在上海证券交易所或深圳证券交易所上市发行的股票。A股以人民币计价，面对中国公民发行。对于境内投资者来说，平常我们买卖的股票均为A股。

B股 ▶ B股是面向境外投资者发行，但在中国境内上市的股票。B股的投资者主要是：外国的自然人、法人和其他组织，中国香港、中国澳门、中国台湾地区的自然人、法人和其他组织，定居在国外的中国公民等。沪市挂牌的B股以美元计价，而深市挂牌的B股则以港元计价，故两市股价差异较大。B股有单日10%的涨跌幅限制且实行"T+3"的交易制度。

H股 ▶ H是"HongKong"首字母，H股是以港元计价在香港发行并上市的境内企业的股票，H股实行"T+0"交割制度，无涨跌幅限制。

小提示

一家企业既可以登陆A股市场，成为A股市场中的上市公司，它同样也可以登陆H股市场或B股市场。例如：中国工商银行就是一只同时在A股市场及

H股市场上市的企业，它的 A 股代码为"601398"、H 股代码为"1398"。

五、上证 A 股与深证 A 股

在股市中，我们常听到"上证 A 股"、"深证 B 股"这样的说法，其实，这些概念是对股票市场的更进一步细分。上证 A 股是指在上海证券交易所挂牌上市、面向境内投资者的 A 股股票，上证 B 股则是指在上海证券交易所挂牌上市、面向境外投资者的 B 股股票。依此类推，深证 A 股是指在深圳证券交易所挂牌上市、面向境内投资者的 A 股股票，深证 B 股则是指在深圳证券交易所挂牌上市、面向境外投资者的 B 股股票。

小提示

对于内地投资者来说，我们所参与的只是 A 股市场。交易所则是股票发行、交易的集中场所，内地有两家证券交易所，它们分别是上海证券交易所、深圳证券交易所。因而，上证 A 股与深证 A 股是我们最为关注的。

第二节　探寻股票的实质

本节要点概览

1."股票"的概念解读

2.股票交易的历史源头

3.股票的基本特性

节前概述

明晰一种事物，首先要从它的基本概念着手。任何人都不会对"股票"这个词语陌生，但如果问一下究竟什么才是股票，相信很多人并不清楚。本节中，我们结合股票交易诞生的历史背景，来看看什么是股票，股票又有哪些特性。

一、"股票"的概念解读

股票 股票（Stock or Share）是由股份有限公司发给投资者以证明其所入股份的一种有价证券，股份公司通过向社会公众或是特定对象发行股票来募集资金用于企业的发展，而购买了股票的持有者则对股份公司的部分资本拥有所有权。

股票使得企业的资产以股票的方式实行了等额划分，它所指代的是实实在在的企业，因而，股票代表着股票持有者（股东）对企业部分资产的所有权。每个股东所拥有的所有权大小取决于它的持股数量及持股比例。

小提示

对于企业来说，通过发行股票，可以快速地募集到大量的资金用于生产、发展，对于买入股票的股东来说，则可以通过手中所持有的股票来分享企业高速发展所创造的高额利润。持股者对股份公司的所有权是一种综合权利，如参加股东大会、参与公司重大决策、投票表决、分享股息及红利等。

二、股票交易的历史源头

股票作为社会大发展的产物，有着 400 多年的历史。随着社会进入了社会化大生产的时期，企业经营规模扩大与资本需求不足的矛盾日益突出，在这种背景下，企业开始向社会公众发行股票以此来募集社会上的大量闲散资金，股份公司的这种组织形态便应运而生。

最早的股份公司产生于 17 世纪初荷兰和英国成立的海外贸易公司——东印度公司，东印度公司是一家从事海运业务的公司，主要从事荷兰和亚洲之间的贸易运输，东印度公司当时发行了价值 650 万荷兰盾的股票，据文献记载，早在1611 年就有一些商人在荷兰的阿姆斯特丹进行荷兰东印度公司的股票买卖交易，形成了世界上第一个股票市场，即股票交易所。

股票的发行不仅大大解决了企业发展时的资金"瓶颈"，一个好的企业同样会给股东带来丰厚的回报。以东印度公司为例，由于当时各国、各洲之间的频繁贸易往来，而东印度公司是一家从事海运业务的公司，主要从事荷兰和亚洲之间的贸易运输，这一行业可以说是当时回报率最高的行业之一。从 1602 年到停发股息的 1782 年，平均每年股息高达 18%，而鼎盛时期的股息竟然高达 40%，1602~1782 年，东印度公司分配给股东的股息总额大约等于股本的 36 倍。

三、股票的基本特性

股票将企业与投资人紧密相连，它是一种重要的金融产物，为了更好地理解这种具有创新意义的事物，我们需对它的特性进行了解，一般来说，股票的特性主要包括：流通性、价格波动性、不可偿还性、参与性、收益性与风险性。

（1）流通性：是指不同的投资者可以转手买卖股票，例如，持股者甲可以将手中的股票转手卖给持币者乙。一般来说，由于股票市场的参与者众多，是不会出现持股者想卖卖不出、持币者想买买不到这种情况的，这是股票交易高流通性的体现，也是其区别于邮票交易、艺术品交易等流通性相对较差的品种的关键要素。

（2）价格波动性：股票在不同的投资者之间实现转手，这也是股票价格的变动过程，通过股票的流通和股价的变动，可以看出人们对于相关行业和上市公司的发展前景和盈利潜力的判断。如果持币者的买入意愿较强，则股价将上涨；反之，股价则下跌。

（3）不可偿还性：股票是一种无偿还期限的有价证券，从期限上看，只要公司存在，它所发行的股票就存在。投资者认购或买入了股票之后，只能将其转手卖出，而不能进行退股，股票的转让只意味着公司股东的改变，并不减少公司资本。

（4）参与性：股东有权出席股东大会，选举公司董事会，参与公司重大决策。一般来说，只要股东持有的股票数量达到左右决策结果所需的实际多数时，就能掌握公司的决策权。

（5）收益性：好的企业可以创造高额的利润，作为对投资人的回报，企业通过送股的方式或是通过派发红利的方式来将这些利润回报给股东。此外，股票还是一种高流通的品种，它的价格波动往往是巨大的，投资者还可以从其价格波动中通过赚取差价来获得收益，事实上，大多数的炒股者都是从股价的波动中所产生的差价来获取利润的。

（6）风险性："股市有风险，入市需谨慎"，股票的风险既来自于股票价格的大起大落，也来自于上市公司的利润下滑。股票不可能只涨不跌，上市公司的盈利能力也极有可能出现下滑甚至亏损，这些都是炒股者所面临的风险。

基于股票的高流通性，我们可以从容地买股卖股；基于股票价格的大幅度波动特性，只要我们判断准确，就可以从这种价格波动中获取高额的差价利润。

第三节　区分不同类型的股票

本节要点概览

1. 绩优股、成长股、垃圾股……

2. 超级大盘股、大盘股……

3. 银行股、钢铁股、券商股……

4. 上海股、北京股、新疆股……

节前概述

沪深两市（上证所与深证所）共有几千只 A 股股票，好的分类标准是我们把握一只股票的根本，为了更好地理解、把握它们，我们就需要将其进行分类。本节中，我们将从业绩、股本、行业和地域这四个最常见也是极为重要的角度来对其进行划分。

一、绩优股、成长股、垃圾股……

股票代表着企业，而衡量企业的重要依据就是盈利能力的强弱，这直接体现在它的业绩上。依据上市公司业绩的好坏及业绩未来的可能走向，我们可以将各式各样的股票分为绩优股、成长股、垃圾股以及 ST 股。在理解这些股票时，我们应以动态的方式来看待它们，例如：随着行业前景的黯淡，绩优股也许只是暂时的绩优股；反之，随着重大资产重组事项的实施，一些垃圾股或 ST 股则极有可能摇身变为绩优股。

绩优股 绩优股是指上市公司的盈利能力相对较强、业绩较为稳定，这些上市公司在行业中具有着举足轻重的地位，具有较强的竞争力并且有较强的抵御风险能力，因而其业绩较为稳定。

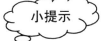

为了与随后的成长股这一概念区分开来，我们这里所说的绩优股也是指代那些业绩虽然较为优秀，但业绩的增速却较为缓慢或迟滞不前的上市公司。这类上市公司虽然每年可以有不错的红利回报，但由于业绩增长速度缓慢，因而其股价的上涨速度并不值得期待。

成长股 成长股是指正处于高速成长阶段、盈利能力快速增强阶段的上市公司。一般来说，如果一个上市公司可以在未来的三年之内保持年平均 30%以上的净利润增速，我们就可以认为它是一只成长股。

"买股票也就是买企业的未来"，这一点最大地体现在成长股身上。由于成长股的业绩正快速增长，而股价又是直接与业绩相接轨的，因而，企业利润的高速增长也意味着股价的快速上涨，它将带给持股者丰厚的回报。

垃圾股 垃圾股是指代那些主营能力较差、业绩处于微利或亏损状态的上市公司，这类上市公司或者是行业前景不好，或者是经营不善，或者是行业竞争过于激烈，从而使得其如"小二黑过年，一年不如一年"。

从个股的中长期走势来说，股价是要与上市公司的实际价值相接轨的。由于垃圾股没有持续稳定增长的业绩支撑，因而其价格走势往往会随着股市交投

环境的变化而呈现大起大落，如果从中长期的角度来说，它们难以形成稳健持续的上涨。

ST股

ST（Special Treatment）是被特别对待的股票，一般来说，符合下列两种条件之一的股票会被扣上"ST"的帽子：一是上市公司经审计两个会计年度的净利润均为负值；二是上市公司最近一个会计年度经审计的每股净资产低于股票面值。

小提示

ST股在其股票名称前面有"ST"的字样，这类股票的每日涨跌幅限制为5%，这与非ST类股票的10%涨跌幅限制是不同的，这一点也是我们需注意的。

二、超级大盘股、大盘股……

所谓的股本，就是指某一上市公司的股票数量。依据上市公司的股本大小，我们可以将其粗略地划分为超级大盘股、大盘股、中盘股和小盘股。一般来说，像中国石油、工商银行以及建设银行等其总股本达到千亿元级规模的股票，我们可以将其称为超级大盘股；像中国石化、民生银行、中国铁建等其总股本达到百亿级规模的股票，我们可以将其称为大盘股。中盘股一般是指总股本在90亿元左右的股票，小盘股则是指总股本在10亿元以下的股票。而总股本只有几千万的股票，我们可以将其称为袖珍小盘股。

小提示

超级大盘股、大盘股、中盘股和小盘股只是一种相对模糊、静态的划分方式，随着市场的扩容、企业规模的变大，原来的小盘股可能会演变成大盘股，原来的大盘股则有可能变身为超级大盘股。

三、银行股、钢铁股、券商股……

我们可以将主营业务相似的上市公司，依据行业这一标准进行划分，由此得到银行股、钢铁股、券商股、电力股等不同行业的股票集合。

四、上海股、北京股、新疆股……

依据上市公司所处的地域不同，我们可以将其划分为上海股、北京股、西藏股和新疆股等不同地域的股票集合。

小提示

对于行业、地域这两种划分标准来说，我们常常要用到"板块"这个概念。板块是指具备了相似属性的一类股票的集合，即板块是某一类股票的一个集合，这种相似的属性可以是行业上的相同，可以是地域上的相同，也可以是概念题材上的相近。例如：我们常说的"银行板块"就是指同处于银行业的一类股票的集合。

第四节　申购新股的流程

本节要点概览

1. 为何要申购新股

2. 新股申购流程

节前概述

平常我们所参与的是二级市场的买卖，二级市场所买卖的对象是已上市公司的股票，除此之外，我们还可以在企业登陆证交所并首次公开发行股票时进行申购，这称为新股申购。申购新股是一种风险相对较小的套利方式，本节中，我们就看看新股申购流程。

一、为何要申购新股

申请上市的企业在获得批准后，就会以网下竞价的方式确定发行价并进而向社会公众首次发行新股，投资者随后可以在规定的申购日通过登录网上交易平台进行申购。

一般来说，新股在确立发行价之后，其估值状态往往要相应地低于已上市的同类股票，因而，在新股正式登陆股市并进入到二级流通市场后，其市价往往会显著地高于其发行价。这就使得成功申购到新股的投资者可以通过高价转手卖掉的方式来获取巨大的差价利润，这也是投资者申购新股的原因所在。

随着新股发行机制的改革，新股上市首日开盘直接翻倍甚至翻数倍的情况已越来越少见，就当前的实际情况来说，一级市场的发行价与二级市场的流通价所存在的差价越来越小，这也在一定程度上降低了投资者申购新股的热情。从另一个角度来说，要想从股市中获利，二级市场的买卖才是我们更应关注的核心。

二、新股申购流程

新股的发行价由众多的机构在网下竞价所产生，发行价确立后，投资者可以在新股申购日通过登录交易委托软件，进行申购买入。申购，其实就是买入，与我们普通的买股方法相近。图 2-1 为新股申购流程图，下面我们结合这个流程图来看看如何展开新股申购操作。

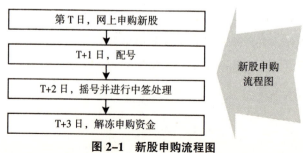

图 2-1 新股申购流程图

我们可以假设网上申购当日为 T 日（投资者可以从股票网站发布的信息及时查询到新股申购日）。

第 T 日，网上申购新股。投资者当日可以登录委托交易软件进行申购，下午 4 点后保荐机构可向交易所询问网上资金申购初步结果。申购价已确定好的，在进行申购时，我们需注意申购的数量，在沪市上市的股票是以 1000 股为一个申购单位的，在深市上市的股票则是以 500 股为一个申购单位的。因而，投资者在申购沪市股票时，委托买股数量只能是 1000 股的整数倍，而申购深市股票时，委托买股数量只能是 500 股的整数倍。申购单一旦挂出，就不能再度撤销，且申购资金将被冻结。

第 T+1 日，交易所将根据最终的有效申购总量进行连续配号，配号的原则是一个申购单位给予一个配号（沪市每 1000 股给予一个配号，深市每 500 股给予一个配号），并公布中签率。由于申购资金往往大于企业发行新股时的募集资金，因而，有所谓的中签率，中签率的计算方法为：（实际募集资金数额所需的配号数量÷当前的申购资金配号数量）。一般来说，投资者当日可以在委托交易软件中来查询其所得"配号"的情况。例如：某只个股的中签率为 1%，则意味着投资者手中的一个配号只有 1%的可能性成功申购到新股。

第 T+2 日，由保荐机构举行摇号仪式并公布中签号，进行中签处理。投资者当日可以在委托交易软件中来查询是否中签。

第 T+3 日，申购资金解冻。

小提示

在股市持续上涨的市场环境下，用大量的资金申购新股是一种不太明智的做法，因为申购新股的成功率较低，而且申购新股会冻结资金，这将使我们错过在二级市场中买股获利的好时机。

第三章　炒股入门知识点扫描

通过对前两章的铺垫性内容，我们对于股票市场、股票交易等基本概念与术语已有了一定的了解，但要想更好地理解股市、看懂股票价格的走势，我们还需进一步学习。本章中，我们本着实盘操作的角度，以务实的方法出发，进一步讲解股票操作过程中所需理解的知识点、概念点。

- K 线图
- 成交量
- 分时图
- 大盘指数
- 牛市与熊市
- 长线、中线、短线
- 散户与主力

第一节　K 线图

本节要点概览

1. K 线的表达方式

2. 看懂 K 线图

3. 日 K 线图与周 K 线图

节前概述

股票的价格走势是以 K 线的方式来表示的，K 线直观、形象、立体性强，它不仅是我们查看股票历史走势的图表；同样，也是我们分析个股未来走势的窗口。K线可以说是我们进入股市后最先应读懂的图表，本节中，我们就来看看K线图。

一、K线的表达方式

K线图由一根根的K线依次排列而成，我们先来看看单根K线是如何表示价格的。图3-1为单根K线形态示意图。单根K线由四个价位来表达，这四个价位分别是开盘价、收盘价、最高价和最低价，当收盘价高于开盘价时，表明价格处于上涨状态，此时的K线称为阳线，多用红色表示；当收盘价低于开盘价时，表明价格处于下跌状态，此时的K线称为阴线，多用绿色或黑色表示。

其中，开盘价与收盘价之间的矩形可以称为实体部分，实体上方的竖线为上影线部分，实体下方的竖线为下影线部分。

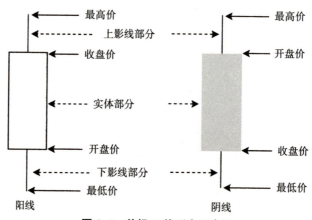

图3-1 单根K线形态示意图

小提示

每个交易日中最为重要的四个价位就是开盘价、收盘价、最高价和最低价，而单根K线恰好将其全部展示出来，这使得其将价格当日的波动情况、运行结果通过简简单单的一根K线完全表达了出来。可以说，虽然单根K线的形态较为简单，但它却蕴含了丰富的价格走势信息。

二、看懂 K 线图

将一根根的 K 线以时间为横轴、以价格为纵轴依次排列，即可以得到一张反映价格历史走势情况的 K 线图。图 3-2 为工商银行（601398）2010 年 11 月 25 日至 2011 年 2 月 14 日期间的 K 线走势图，其中空心的 K 线为阳线，黑色实心的 K 线则为阴线。

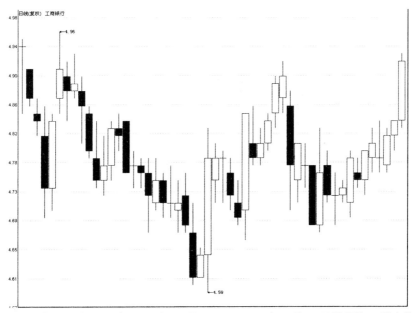

图 3-2　工商银行（601398）2010 年 11 月 25 日至 2011 年 2 月 14 日期间的 K 线走势图

💭 **小提示**

在股票行情软件中的 K 线走势图下方，我们还会看到一个柱形图，每一根 K 线都与一个柱形相对应，其实，这个柱形代表着成交量，在下一节中，我们会讲解"成交量"这个概念。

三、日 K 线图与周 K 线图

在日常的使用当中，K 线图多是以"日"为时间周期来显示的，此时，依据当日的开盘价、收盘价、最高价和最低价，我们就可以画出一根日K线。除此之外，K线图还可以以分钟、周、月等为时间周期。其中的周K线最为常用，此时，依据此周的第一个交易日的开盘价、此周最后一个交易日的收盘价、全周的最高价、全周的最低价，我们就可以画出一根相应的周K线。图3-3为工商银行（601398）2009年2月至2011年2月期间的周K线走势图，图中的每一根K线都代表着一个交易周的价格波动及走势情况。

图3-3　工商银行（601398）2009年2月至2011年2月期间的周K线走势图

小提示

　　周K线可以使我们更好地看清价格走势的整体运行方向，是我们分析趋势的好工具。"趋势"是股市技术分析领域中的核心，在后面的章节中，我们将详细讲解"趋势"这一概念。

第二节　成交量

在K线图的下方，我们会看到柱形图，每一根K线下方都有对应的一根柱形，这就是成交量。

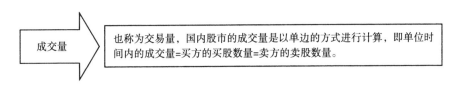

成交量　　也称为交易量，国内股市的成交量是以单边的方式进行计算，即单位时间内的成交量=买方的买股数量=卖方的卖股数量。

图3-4为北辰实业（601588）2010年4月22日至2010年9月7日期间走势图，如图中标注所示，在K线走势图的正下方，有一个柱形图区域，这就是成交量。柱形的长短代表着当日的成交量大小。

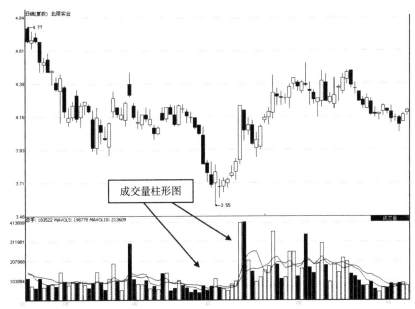

图3-4　北辰实业（601588）2010年4月22日至2010年9月7日期间走势图

小提示

　　股票是一种双边的等向交易，有买入就意味着同时也有卖出，且买入的股票数量等于卖出的股票数量，因而，在统计成交量时，我们只需统计买方买入的股票数量或者是统计卖方卖出的股票数量就可以了，两者是完全相等的。例如：某只股票当日成交量显示为 1000 股=10 手（其中 1 手=100 股），这表示买卖双方达成协议共交易了 1000 股，即买方买进了 1000 股，同时卖方卖出了 1000 股。

第三节　分时图

　　K线图一般以日为时间周期，它是我们查看价格历史走势情况的图形。分时图则以分钟为时间周期，它是我们查看每个交易日盘中价格实时走势情况的图形。

　　图 3-5 为中国铝业（601600）2011 年 2 月 14 日的分时图，在图中，我们标注了分时线、均价线和分时量。其中，分时线也就是价格的实时走势线，它以分

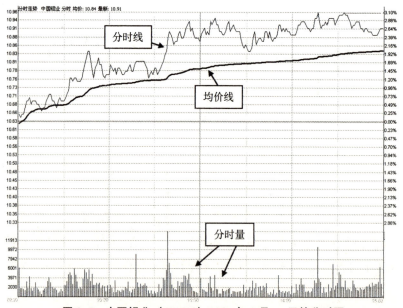

图 3-5　中国铝业（601600）2011 年 2 月 14 日的分时图

钟为时间单位；均价线则表示到当日市场平均持仓成本的变化情况，其计算方法为：（到目前这一时刻为止的当日总成交金额）/（到目前这一时刻为止的当日总成交股数）。分时量以分钟为时间单位，表示这一分钟的成交量大小。

小提示

若分时线稳稳地运行在均价线上方，表明当日的买盘力道较强，是价格走势上涨可期的表现；反之，若分时线持续地运行于均价线的下方，则表明当日的卖盘力道较强，是价格走势更易下跌的表现。

第四节　大盘指数

本节要点概览

1. 何为大盘

2. 何为指数

3. 上证指数

节前概述

大盘指数是一个极为重要的概念，它直观地体现着市场的整体走向，也是我们分析预测个股走势的依据。本节中，我们就结合"大盘指数"来了解与其相关的几个知识点。

一、何为大盘

炒股，就不能不提"大盘"这个概念。其实，"大盘"是一个相对模糊的概念，它所指代的对象就是全体个股所构成的股票市场。例如：平常我们说"大盘走势很好"、"大盘将下跌"，其实就是在说股市的整体走势情况。

二、何为指数

在股市中，"指数"是用于描述某一类个股综合走势情况的词语。例如：大盘指数用于描述全体个股所构成的股市综合走势情况，银行板块指数则用于描述整个银行板块中全体个股综合走势情况……通过指数这种表示方法，我们可以更好地看清某一类股票的综合走势情况，这有助于我们更好、更及时地把握住市场的变化。

三、上证指数

就国内股票市场来说，有上海证券交易所与深圳证券交易所之分，因而，对应的有上证指数与深证成指之分。上证指数（也称为上证综合指数）以在上海证券交易所上市的全体股票为样本，以每只股票的股本大小为权重来计算指数，一只股票的股本越大、价位越高，则它对指数的影响力也越大；深证成指（也称为深证成份指数）则是以各行业中具有代表性的个股为样本，以每只股票的股本大小为权重来计算指数，它同样可以很好地反映出深证股票市场的综合走势情况。

由于上证与深证面向相同的投资者群体，其所上市的股票类型也是相近的，因而，两个市场的走势极为相近，但由于上证所的权重股更多、影响力更大，更能代表国内股票市场，因而，我们平常所说的大盘指数其实就是指"上证指数"。例如：我们说大盘指数当前是 3266 点，其实就是在说上证指数当前是 3266 点。

> **小提示**
>
> 上证指数、板块指数是我们在炒股时应重点关注的对象。上证指数可以反映出股市的整体走向，而板块指数则可以反映出具有相同特点的一类股票的整体走势情况。

第五节　牛市与熊市

在股市中，我们常常会听到"牛市"、"熊市"的说法，当牛市来临时，投资者欢欣鼓舞、热情高涨；反之，当熊市来临时，投资者则恐慌不已，那么，什么是牛市？什么又是熊市呢？其实，牛市与熊市指代了完全相反的两种股市走向。

所谓的牛市就是指股市处于长期的持续上涨环境下且累计涨幅巨大，在牛市中，绝大多数个股都紧随大盘节节上涨。由于国内股市是一个通过低买高卖的做多方式来实现获利的，因而，牛市也可以称为获利市。导致牛市出现的原因有很多，比如：上市公司整体性盈利能力增强、经济处于繁荣时期、新兴产业发展、国家政策导向和资金流动性过剩等。

所谓的熊市则是指股市处于长期的持续下跌环境下且累计跌幅巨大，在熊市中，绝大多数个股都跟随大盘节节下跌，熊市也可以称为亏损市。导致熊市出现的原因有很多，比如：上市公司整体性盈利能力下降、经济处于低迷期、外围股市带动、资金流动性紧缩等。

那么，如何识别牛市与熊市呢？最简单的方法就是看大盘指数的走向，如果大盘指数节节上涨，处于持续的上升通道中，则当前的市场就属于牛市环境；反之，如果大盘指数节节下跌，处于持续下跌的通道中，则当前的市场就属于熊市环境。当然，这种分析股市运行方式的方法略显迟滞，当我们清晰地看到大盘指数处于上升通道或下跌通道中时，此时的大盘往往已累计涨幅或跌幅巨大。为了更好地分析市场的牛熊走向，我们还可以借助移动平均线、周 K 线、指数异同平滑平均线以及趋势线等工具，对于这些内容，我们将会在随后的章节中结合实例进行讲解。

图 3-6 为上证指数 2006 年 8 月至 2007 年 9 月期间走势图，股市在此期间处于持续的上升通道之中，这期间的股市走向可以称为牛市。在牛市中，投资者买股的时间越早，则后期的获利幅度就越大。

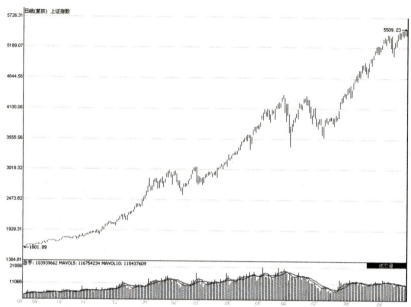

图 3-6　上证指数 2006 年 8 月至 2007 年 9 月期间走势图

　　图 3-7 为上证指数 2007 年 11 月至 2008 年 9 月期间走势图，股市在此期间处于持续的下降通道之中，这期间的股市走向可以称为熊市。在熊市中，投资者卖股离场的时间越早，则就会更为及时地规避风险。

图 3-7　上证指数 2007 年 11 月至 2008 年 9 月期间走势图

小提示

"牛市"也称为上升趋势，"熊市"也称为下跌趋势，对于"趋势"这一概念，我们将在下一节中进行讲解。

第六节　长线、中线、短线

本节要点概览

1. 长线

2. 中线

3. 短线

节前概述

股市是相同的，但投资者的交易方式往往是截然不同的，这是不同投资者具有不同投资理念的体现。一般来说，持股时间长短最能体现投资者的交易方式。依据投资者持股时间的长短，我们将各种各样的交易方式统分为三种：长线、中线和短线。

一、长线

长线　　长线的持股时间多在半年以上，投资者通过分析上市公司的盈利前景、价格的总体走向等因素来决定买卖时机，并期望从个股的中长期走势中来一次性地获取大波段的差价利润。

图 3-8 为中捷股份（002021）2008 年 12 月至 2010 年 3 月期间走势图，此股在这长达一年多的时间里，其总体走势向上，如果我们可以秉持长线投资的操作方式，在相对低位区的 B 点处买入，随后长线持股，并在高位区的 S 点卖出，则可获利不菲（注：B 是英文 Buy "买入"的缩写，S 是英文 Sell "卖出"的缩写）。

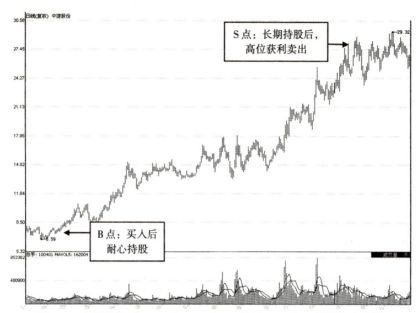

图 3-8　中捷股份（002021）2008 年 12 月至 2010 年 3 月期间走势图

　　长线投资，要求我们在一个宏观的尺度上较为准确地把握住个股的整体走向，并且在长期的持股过程中，不能因股价的短期波动而受到情绪影响。

二、中线

中线 ➡ 中线的持股时间介于长线与短线之间，投资者通过在相对较长的一段时间内持股来进行获利。

小提示

　　短线、中线和长线并非是绝对意义上的，在实盘操作中，我们应结合市场、个股的走向，做到随行就市，紧跟市场及个股的步伐，而不应有先入为主的观念。例如，若我们打算长期持有一只个股，但是此时的大盘走势却开始变坏，则我们也应及时出场。反之，若我们仅仅是打算短线参与个股，但此时的大盘走势强劲、个股上涨势头更加突出，则我们不妨继续耐心持股待涨。

三、短线

短线 ➡ 短线的持股时间多在几日或几周之内，投资者通过对市场短期内买盘卖盘的力量变化、消息面、主力控盘等因素来决定买卖时机，并期望利用个股的短期波动来获取差价利润。

图 3-9 为运盛实业（600767）2009 年 6 月 17 日至 2010 年 4 月 23 日期间走势图，此股在此期间内，其总体走势处于宽幅震荡之中，此时，我们更宜从事短线的波段操作，如果我们能较为准确地把握住个股波动过程中的低点（如图中标注的 B1 点、B2 点）及高点（如图中标注的 S1 点、S2 点），则依然可以在个股总体走势并未上行的背景下获取不菲的利润。

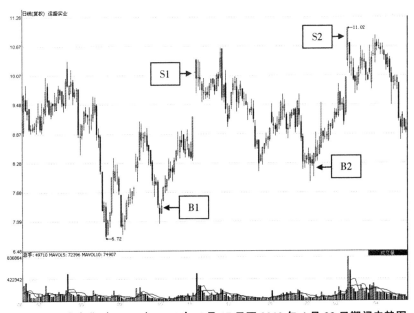

图 3-9 运盛实业（600767）2009 年 6 月 17 日至 2010 年 4 月 23 日期间走势图

小提示

进行短线操作，需要我们有较强的技术分析能力，并对市场走向、个股特性有着较为深刻的认识。

第七节 散户与主力

本节要点概览

1. 什么是主力

2. 主力的种种优势

节前概述

散户与主力是股市战场中的实际参与者，他们是截然不同的两股力量。散户这一概念很好理解，就是指资金量较少的普通投资者。那么，什么是主力呢？对于股票新手来说，这是一个重要的概念，因为如果我们不了解主力，就很难理解那些在走势上特立独行的个股。

一、什么是主力

主力

主力，也称为主力资金。它们是决定个股走势的主导力量。主力可以是被市场所熟悉了解的基金、机构、券商等，也可以是对市场来说较为神秘的民间资本、私募基金等。

小提示

不同类型的主力资金有着截然不同的操作理念、操盘风格，一般来说，公募性质的主力资金，如基金、券商和大机构等，偏爱于有业绩支撑的个股，且在操作上多属于长线控盘；反之，私募性质的主力资金，如民间资本、私募基金等，偏爱于有题材刺激的中小盘个股，在操作上也以中短线的控盘为主。

二、主力的种种优势

虽然上市公司的业绩增长可以对持续上涨的股价构成支撑，但如果细心，我们就会发现，个股的上涨速度有时远远快于企业的业绩增长速度，而且，很多处于微利甚至亏损的股票也依然可以大幅上涨，从长期的角度来看，这些泡沫明显的股票必将向理性的价位回归。

因而，我们可以把股票市场看作是一个多空双方互相博弈的市场，一方的盈利往往是建立在另一方的亏损之上的。在实际中，主力往往会最终成为获胜的一方，这是为什么呢？其实，主力获胜出局的原因很简单，因为主力具有了获胜的优势。下面我们就来看看主力的优势有哪些，这些优势也可以说是散户投资者的劣势。

（1）巨额的控盘资金：每只个股的股票数量都是有限的，谁手中持有的股票数量越多，谁对个股二级市场的走势就更有话语权。主力手中掌控着巨额的资金，可能是几千万元，也可能是几亿元，而且，这些资金的买卖方向明确，因而，主力可以在较大程度上控制个股的走势。

（2）灵通的消息获取渠道：股市是一个预期性极强的市场，谁能提前获知准确的消息，谁就会走在市场前面。散户投资者只能通过市场传闻、公司公告的方式来获取消息，市场传闻多不可靠，公司公告的消息又过于迟滞，因而，从获取消息这一层面来说，散户是难以走在市场前面的。但主力则不同，主力一般都有着可靠、领先的消息渠道，这从个股在发布重大消息之前出现明显的异动走势（往往是涨停板）即可见一斑。

（3）专业性强、了解散户心态：主力对股票市场的走向把握得更准，且对股民的心理也更为了解。因而，主力往往会达到某一控盘目的而使用一些特定的控盘手法，这些手法会使得大量的散户对个股走势出现明显的判断错误，主力则从中渔利。

图3-10为合肥百货（000417）2009年6月至2010年9月期间走势图，此股在此期间持续地震荡上扬，但是同期的股市却处于震荡下跌走势中（图3-11为上证指数2009年6月至2010年9月期间走势图）。通过对比可以看出，合肥百货的上涨走势是特立独行的，其实，这正是隐藏在此股中的主力资金积极运作的结果。

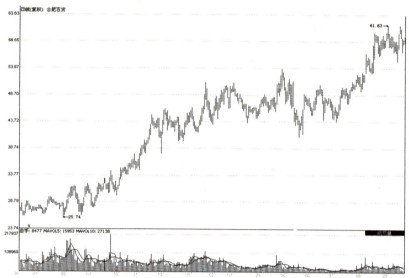

图 3-10　合肥百货（000417）2009 年 6 月至 2010 年 9 月期间走势图

图 3-11　上证指数 2009 年 6 月至 2010 年 9 月期间走势图

小提示

　　通过引入主力这个概念，我们不仅开阔了视野，而且会对个股的走势有一个更为透彻的了解。此外，积极地关注主力的行踪，分析主力动向，也是我们实盘操作中应重点学习的内容。

第四章 进入股票分析的世界

炒股，就是为了获利。而要想获利，我们就需对股市、个股走向进行准确的预测。此时，我们需要掌握分析预测价格走势的方法。可以说，分析之道，是炒股的核心与关键。不同的分析方法有不同的侧重点，它们从不同的角度阐述了市场的运行状况，每一种分析方法都有其优势所在，对于林林总总的分析方法，我们除了要"博"，还要"精"。本着循序渐进的原则，本章中，我们先概略地讲解股市中的各种分析方法，以使读者在具体、深入学习之前，对其有一个宏观的了解。

● 基本面分析概述

● 技术分析概述

● 技术分析之一——K 线分析法

● 技术分析之二——成交量分析法

● 技术分析之三——趋势分析法

● 技术分析之四——主力分析法

● 技术分析之五——分时图分析法

● 技术分析之六——指标分析法

第一节 基本面分析概述

本节要点概览

1. 什么是基本面分析

2. 基本面分析的精髓

3. 市盈率、净资产收益率等相关数据

节前概述

我们可以把股市中所有的分析方法统分为两大类别：基本面分析与技术面分析。两者的出发角度完全不同，基本面分析方法以"业绩"为核心，技术面分析法则以"市场"为核心。在实盘操作中，技术面分析是我们主要运用的方法，而基本面则可以进行辅助。但是，基本面分析方法是一种基础性相对更强的分析方法，本节中，我们就来看看何为基本面分析方法。

一、什么是基本面分析

股票，并不是一种孤立的事物，它所代表的是上市公司。上市公司盈利能力增强、资产规模变大，其股票的价格也自然会水涨船高；反之，上市公司盈利能力降低、资产规模缩小，其股票价格会相应地变低。基本面分析方法正是以经济学中的"价格围绕价值波动"这一原理为核心，来分析预测股票价格走势的。

基本面分析法 —— 也称为基本因素分析法，是指对宏观经济、行业前景、企业盈利能力等决定着股票内在价值的基本因素为着手点，来分析股票价格的走向。在这几种基本因素中，企业的盈利能力无疑是重中之重。

基本面分析法既要考虑企业的自身盈利能力，也要考虑企业所处的大环境（如当前的宏观经济、政策导向和行业前景等）。但是，一般来说，宏观经济的走势多是稳健的，行业的发展前景在短短几年中也不会有太大的变化，因而，在利用基本面分析法时，企业自身的竞争能力、经营优势和管理能力等直接决定企业盈利情况的自身要素是我们分析的重点所在。

小提示

虽然业绩决定股价，但是在很多时候，我们可以发现个股的走势与其基本面的变化明显分离，例如：在企业业绩并无明显增长甚至出现下降的情况下，股价却可能节节攀升；或是在业绩有所增长的情况下，股价却开始持续下跌。其实，基本分析方法只能让我们更好地了解企业的未来情况，而企业的发展与其股票价格的走势在短期甚至在中期内，往往并无直接的因果联系。

二、基本面分析的精髓

业绩是推动股价上涨的原动力，对于业绩处于上下波动、难以实现快速增长的企业来说，基本面分析无助于我们把握其股票价格走势，此时，利用基本面分析方法也很难获利。但是，对于那些业绩可以在未来三五年内实现高速增长（例如：年复合增长率达到30%以上），基本面分析方法会彰显其威力所在。利用基本面分析方法来捕捉正高速成长的企业，也是这种分析方法的精髓所在。

图4-1为苏宁电器（002024）2004年7月至2007年4月期间走势图，此股在这短短的三年时间里累计涨幅超过了20倍，其实，这种大幅度、长期的上涨虽然与2005年中期之后所出现的牛市环境有关，但决定性因素却是此股连续的业绩高速增长。此股在这几年几乎是年年出现净利翻倍的增长，而且这种增长是一种复合增长，业绩的裂变最终也体现在了股价的裂变上。

如果我们可以透过基本面分析方法把握住这一企业在未来几年内的高速成长态势，就可以从股票价格的快速上涨中获取高额的回报。

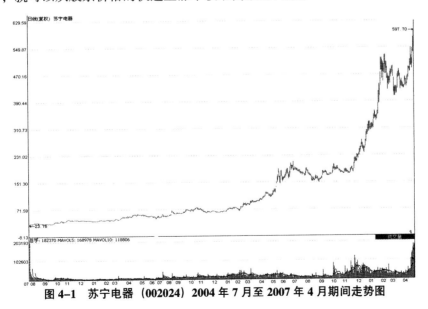

图4-1　苏宁电器（002024）2004年7月至2007年4月期间走势图

小提示

成长股的业绩高速增长，也必然会催生股票价格的裂变，而捕捉成长股的方法就是分析企业的基本面。我们可以从行业的发展前景、企业的竞争优势、管理层的决心等多种基本因素来结合分析以得出更为可信的结论。

三、市盈率、净资产收益率等相关数据

如何分析企业的基本面情况呢？我们可以从具体的财务指标，如每股收益、市盈率、市净率、净资产收益率和毛利率等几个数据着手。

每股收益 → 每股收益=税后利润÷股本总数，该比率反映了每股创造的税后利润，在股本数不变的情况下，每股收益越高，则表明上市公司所创造的利润越多，其可供股东分配的利润就越多，这也同时说明上市公司的盈利能力强。

小提示

在上市公司总股本不变的情况下，每股收益逐步提高则表明企业的盈利能力在增强。但是，我们也应注意到，若是上市公司因增发新股而使得其总股本扩大，就会摊薄每股收益，此时的每股收益可能会略微下降，但这并不代表上市公司的盈利能力减弱了。

市盈率 → 市盈率又称股份收益比率或本益比，市盈率=当前每股市场价格/年度每股税后利润。股票没有好不好的问题，只有"贵不贵"、"值不值"这个价格的问题，市盈率将每股收益与股价联系起来，可以使我们能更好地看清一只个股当前的估值状态，是处于高估，还是处于低估状态？

市盈率是衡量股价高低和企业盈利能力的一个重要指标，例如，股价同为10元的两只股票，若其市盈率分别是10倍和20倍，则表明两只股票的实际价格水平相差5倍。若企业盈利能力不变，这说明投资者以同样10元价格购买的两种股票，分别在10年和20年以后才能从企业盈利中收回投资成本。

市盈率还有所谓的动态市盈率与静态市盈率之分，静态市盈率中的"年度每股税后利润"是指上一年度的每股税后利润，由于企业在发展变化，因而，上一年度的每股税后利润并不能完全代表本年度的每股税后利润，如果企业本年度的利润变动较大，静态市盈率并不能准确地体现个股的当前估值状态，可以说，静态市盈率所反映的信息较为迟滞。动态市盈率则是以预测出来的本年度每股税后利润或是下一年度的每股税后利润为计算依据，但预测与未来实际可以有所出入，因而，它也并不是准确的。在实际应用时，如果企业的盈利能力变化不大，我们可以应用静态市盈率；反之，则宜应用动态市盈率。

小提示

多少倍的市盈率算高呢？依据国内这些年来股市的大起大落来看，当市场全体个股的平均市盈率低于 20 倍时，可以认为市场的系统性风险较小，未来上涨的空间较大；反之，当市场全体个股平均市盈率超过 40 倍时，则表明其处于明显的泡沫状态，后期下跌的空间较大。此外，对于个股来说，不同类型的个股也有不同的标准，大盘股的市盈率会低于小盘股，这是因为小盘股的流通性更好；绩优股的市盈率会低于成长股，这是因为成长股的预期性更好。

净资产　净资产也称为股票净值，净资产=总资产-负债。它代表全体股东共同享有的权益，是由股份公司经营状况决定的，股份公司的经营业绩越好，其资产增值越快，股票净值就越高。在会计科目中，净资产是公司资本金、资本公积金、资本公益金、法定公积金、任意公积金和未分配盈余等项目的合计。

市净率　市净率=当前股票价格/每股净资产，代表的是投资者愿意用多少价格买你的每股净资产。市净率过低，说明企业没有用好自己的资产来创造利润；市净率过高，往往意味着企业已最大限度地利用了手中的资产来创造利润。这个数值在财务管理理论中以 3 左右为优良。

小提示

在买股时，市净率并非越低越安全。因为企业的净资产也在不断的变化之中，但过高的市净率无疑意味着风险。在通过基本面分析买股时，市净率最好作为一个辅助性的数据，只要它的大小较为合理即可。

净资产收益率是我们分析企业盈利能力的最为重要的一个数据，它可以让我们通过烦琐的财务数据，直接接触到企业的盈利能力。

净资产收益率=（净利润×2)/(本年期初净资产+本年期末净资产）。这一数据充分考虑到了企业净资产的变化，可以用以衡量公司运用自有资本的效率，是评估企业获利能力的一个重要财务比率。

小提示

好的企业在其净资产不断增长的同时，其获利能力并不会随着资产规模的变大而逐渐下降，因而，对于好的企业来说，我们除了可以看到其资产规模的不断变大外，我们还可以看其净资产收益率可以长年保持在一个较高的水平上。

第二节 技术分析概述

本节要点概览

1. 什么是技术分析

2. 技术分析的三大假设

节前概述

相对于基本面分析方法来说，技术分析方法更贴近市场，其实战效果也更好，本节中，我们就来看看技术分析方法。

一、什么是技术分析

技术分析方法以市场交投行为本身着手，通过价格走势形态、成交量变化、技术指标、趋势运行方式和主力控盘过程等角度来分析、预测价格的后期走势。

技术分析派认为：一切影响股市或个股走势的因素（如金融货币政策、重大的社会生活事件、领导人讲话以及投资者的心态等）都会及时地通过市场交投本身而表现出来。研究价格已出现的变动比研究市场价格为什么变动，将有助于我们从影响股价的纷繁复杂的要素中摆脱出来，使我们更清楚地看清多空力量的转变，从而揭示出价格的后期走向。

那么，如何全面地了解市场交投行为呢？此时，K线形态、量能形态等市场交易所产生的数据就是我们的着手点。由于着手点不同，因而，技术分析方法也是种类繁多，如果我们侧重于价格走势，就有所谓的K线形态分析法；如果我们侧重量能，则就有所谓的量价结合分析法；……但在实际交易中，我们不妨多采用几种技术分析方法来综合运用，这样可以更周全地了解市场的全貌并做出可靠的预测。

基本面分析方法所得出的结论往往难以及时地反映到股票价格的走势中，例如：我们认为个股当前明显低估，但这并不意味着此股随后就将步入上涨通道。这是因为价格只是在较长的时间跨度内才会与价值相接轨，中短期内的价格走势更多地取决于市场买卖双方的力量对比。技术分析与基本面分析完全不同，它不考虑个股的业绩，而是直接关注市场交投本身，以此来判断价格走势。因而，技术分析的实时性更强。

小提示

技术分析方法是我们学习中的重中之重，本章随后几节中所讲解的分析方法都属于技术分析方法。之所以如此重视技术分析方法，是因为它的实时性强、准确度高，而且特别适用于短线操作。

二、技术分析的三大假设

很多投资者对基本面分析法的正确并不会有所怀疑，因为"价格围绕价值波动"可以说是一条不验自明的公理。但技术分析方法是否可靠呢？如果技术分析方法本身就没有可站住脚的理论来支撑，那么，它只能是一种主观的臆测，对我们的炒股也不会有什么帮助。事实果真如此吗？答案是否定的。其实，技术分析还是有着坚实的基础的，这就是奠定技术分析大厦的三条前提假设。这三条假设就如同几何学中的公理一样，明显为真，其正确性是显而易见的。

第一条假设：市场行为涵盖一切。"市场行为涵盖一切"构成了技术分析的基础，它是指任何影响到价格走势的因素都将反映到市场交投行为本身中。基于这一假设，我们研究市场行为将更有意义，因为，对于我们来说，影响价格走向的已知因素与未知因素都会通过市场交投本身体现出来。实际上，技术分析师只不过是通过研究价格图形及大量的辅助技术指标，让市场自己揭示它最可能的走势，今后讨论的所有技术工具只不过是市场分析的辅助手段。

第二条假设：价格依据趋势运动。所谓的趋势就是指价格运动发展的大方向，"价格依趋势运动"是人们在长期研究股市价格走向基础之上而总结出来的一条客观规律，既是经验的总结，也是市场运行的客观反映。价格依据趋势运动这句话包含了三层意思：第一，在技术分析里，趋势被认为是存在的，一般可分为上升趋势、盘整趋势和下跌趋势。第二，价格的总体走向是以趋势的方式呈现出来的。第三，正在进行的趋势将会持续下去，直至发生反转。研究价格趋势的意义就是要在一个趋势发生发展的早期，及时准确地把它揭示出来，从而达到顺着趋势交易的目的。事实上，技术分析在本质上就是顺应趋势，以判定和追随既有趋势为目的。

第三条假设：历史往往会重演。技术分析理论与人类心理学有着较为密切的联系，技术分析认为，相似的价格运行形态体现了相似的市场心理，而相似的市场心理将使得价格的后期走势相近，因而，通过研究历史上的价格形态，再对比当前的价格形态，我们就可以以史为鉴，准确地预测价格的后期走势。

在三大假设之下，技术分析有了自己的理论基础，一系列的技术分析理论、分析方法应运而生。

第三节　技术分析之一——K线分析法

本节要点概览

1. K线分析的原理

2. 短线操作上的局部 K 线案例

3. 中长线操作上的反转 K 线案例

节前概述

相对于基本面分析方法来说，技术分析方法更贴近市场，其实战效果也更好，本节中，我们就来看看技术分析方法。

一、K 线分析的原理

K 线不仅是用于反映价格走势的工具，它同样蕴含了丰富的市场信息。无论是对单根 K 线形态，还是两根 K 线、多根 K 线的组合形态来说，只要我们善于挖掘，就能从中更好地把握多空力量对比的转向。

我们之所以可以通过分析 K 线形态来预测价格走势，这是因为 K 线形态可以直观、形象地反映出多空力量的转变情况。此外，依据技术分析的第三条假设"历史往往会重演"，我们可以通过归纳总结历史上典型位置区所出现的典型 K 线形态来作为参照物，进而预测当前的价格走势。

在实盘操作中，对于短线操作来说，通过特殊的局部 K 线形态（例如：单根 K 线形态、两根或多根 K 线组合形态），我们可以及时准确地把握短期的高点与低点；对于中长线操作来说，通过典型的反转形态（例如：头肩顶、圆弧顶等），我们可以及时地把握住趋势的反转，从而展开抄底逃顶的中长线操作。

二、短线操作上的局部 K 线案例

短线操作主要是利用典型的单根 K 线形态，或者是典型的局部 K 线组合形态来把握阶段性的高点与低点。

对于单根 K 线来说，实体可以看作是多空双方交锋的结果，阳线的实体越长，说明多方当日所取得的胜果越大；阴线的实体越长，则说明空方当日所取得的胜果越大。

影线则是多空双方盘中交锋过程的体现，长长的上影线说明多方曾于盘中发起过攻击，同时也说明了空方逢高打压的力度较大，至于这一上影线是多方还是空方开始发起攻击的信号，则要结合个股的阶段性走势来分析。同理，长长的下影线说明空方曾于盘中进行了大力打压，同时也说明多方进行了强势承接，我们仍需结合价格的阶段走势来分析这一下影线的市场含义。

图4-2为广晟有色（600259）2010年8月13日至2010年12月8日期间走势图，如图中箭头标注所示，此股在短期快速的大幅上涨之后，于高点出现了一个高开低走、实体较长且下影线也同样较长的大阴线，很明显，这是空方于盘中展开大力打压的标志，也是获利抛盘开始集中涌出的表现。这一形态预示着个股随后将有一波深幅调整走势出现，是我们应及时逢高出局的信号。

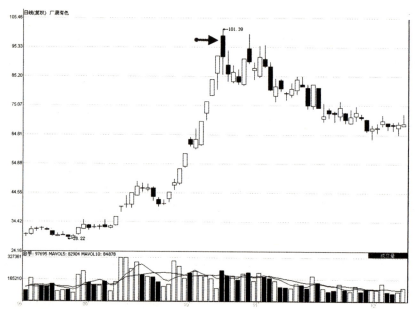

图4-2　广晟有色（600259）2010年8月13日至2010年12月8日期间走势图

小提示

除了典型的单根K线形态之外，两根、三根及多根的K线组合形态同样是我们进行短线操作的好帮手，在本书的第三篇中，我们将结合具体的实例，对这些局部K线形态进行讲解。

三、中长线操作上的反转K线案例

价格的短期走势也许会受到偶然性的消息面影响而出现明显的波动，但其中长期走势却是有固定的明确方向的。

底部与顶部是两个典型的位置区,底部出现在长期的下跌之后,是跌势止步、升势即将展开的过渡区域,顶部则出现在长期的上涨之后,是升势止步、跌势即将展开的过渡区域。如何识别底部与顶部呢?通过这两个区域的 K 线走势形态,我们可以较好地把握市场多空力量的整体变化,从而在实盘中进行抄底逃顶的操作。

图 4-3 为三普药业(600869)2008 年 3 月 24 日至 2009 年 1 月 8 日期间走势图,此股在长期下跌之后,出现了一个头肩底形态,这种形态是一种典型的底部反转形态,它预示着长期下跌走势的结束及底部的出现;同时,也预示着新一轮中长期上涨走势即将出现的信号。利用这一形态,我们从识别形态的角度出发,及时地捕捉底部的出现,并进而进行中长线的买股布局操作。

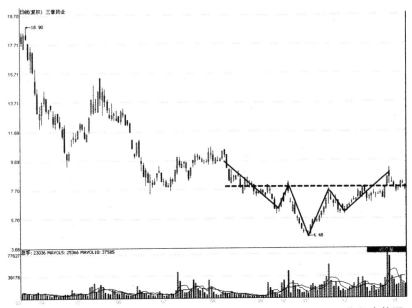

图 4-3 三普药业(600869)2008 年 3 月 24 日至 2009 年 1 月 8 日期间走势图

小提示

典型的底部形态,如头肩底、双重底、圆弧底和 V 形底等,典型的顶部形态,如头肩顶、双重顶、圆弧顶和尖顶等。在本书的第三篇中,我们将结合具体的实例,对这些典型的反转 K 线形态进行讲解。

第四节 技术分析之二——成交量分析法

本节要点概览

1. 成交量蕴含了丰富的信息

2. 放量与缩量

节前概述

有些投资者仅仅将成交量看作是成交数量的体现，这是极为片面的。其实，成交量蕴含了丰富的市场信息。美国著名的投资专家格兰维尔曾经说过："成交量是股票的元气，而股价是成交量的反映罢了，成交量的变化，是股价变化的前兆。"股市中的成交量分析方法就是以成交量的变化方式为核心，再结合同期的价格走势情况，来分析市场多空双方的交锋情况、多空双方的力量转变情况，进而预测价格走势。

一、成交量蕴含了丰富的信息

成交量之所以成为一种重要的技术分析方法，这是因为成交量蕴含了丰富的市场信息。那么，成交量都蕴含了哪些市场信息呢？

（1）成交量是多空双方交锋力度的体现。成交量最简单、最直接地体现了多空双方的交锋规模，成交量较大，说明多空双方交锋较为激烈；成交量较小，则说明多空双方交锋平淡。

（2）成交量是个股上涨的动力。价格走势是方向，成交量则是原动力。上涨时放大的量能说明买盘充足，也说明市场人气旺盛，如果个股此时正在低位，则这是市况逐步好转的迹象，也是个股后期上涨空间可观的预示。反之，若无成交量的支撑，则这种短期的上涨很有可能只是价格的一次偶然性波动，并不会衍生出大行情。

（3）成交量是价格走势反转的重要信号。在价格走势反转的重要区域，多空双方的交锋往往会趋于激烈，此时，仅仅从价格的运行形态着手，我们难以及时了解市场的这种变化，而成交量则可在第一时间向我们发出预警。

（4）成交量还是我们分析主力控盘的重要依据。主力实力强大，其在吸筹、拉升、洗盘和出货等操作过程中，势必会打破原有的市场交投状态，此时，透过量能的变化，我们就可以及时了解到主力的运作。例如：在主力吸筹阶段，由于要在较长时间内买入大量的股票筹码，这必然会使得个股持续地保持相对温和的放量形态。

小提示

对于个股来说，同样是上涨 5%，此时，成交量的明显放大与温和放大，所蕴含的市场含义是截然不同的。此时如果仅根据当前的价格走势所产生的形态去预测价格的后期走势，则我们的判断、分析无疑有失客观、全面，而结合量能的具体变化形态，我们则可以更全面地把握市场状况。

二、放量与缩量

利用成交量的变化，再结合同期的价格走势来解读市场多空力量的变化，或是分析主力的动向，进而预测价格后期走势，是成交量分析方法的核心所在。

对于成交量的变化方式来说，我们可以将其统分为两种：放量与缩量。放量与缩量是两个相对的概念，所谓的放量是指某一阶段的成交量相对于之前某一阶段的成交量出现了放大；缩量则是指某一阶段的成交量相对于之前某阶段的成交量出现了相对的缩小。

图 4-4 为创业环保（600874）2006 年 11 月至 2008 年 6 月期间走势图，如图中标注所示，虽然个股仍处于盘整震荡走势中，但此时的量能却较之前出现了明显的放大，这是市场即将变盘的预示。考虑到此股前期累计涨幅巨大，当前正处于高位区，因而，这种量能的异常放大往往是一轮跌势即将展开的信号。图 4-5 标示了创业环保高位盘整区异常放量形态后走势图。

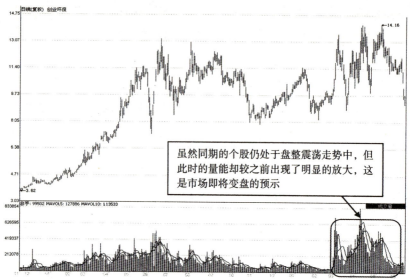

虽然同期的个股仍处于盘整震荡走势中，但此时的量能却较之前出现了明显的放大，这是市场即将变盘的预示

图 4-4　创业环保（600874）2006 年 11 月至 2008 年 6 月期间走势图

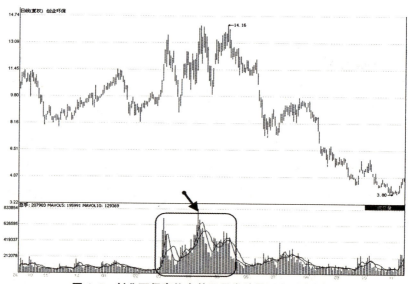

图 4-5　创业环保高位盘整区异常放量形态后走势图

小提示

　　通过创业环保这一例子可以看出，价格走势的波澜不惊并不意味着市场交投的平淡，此时，通过成交量的变化，我们可以更为全面地把握市场的真实状况，从而更为准确地预知其后期走势，这正是成交量分析方法的重要作用。

第五节　技术分析之三——趋势分析法

本节要点概览

1. 什么是趋势分析法

2. 顺势而为的操作之道

节前概述

趋势是市场中的客观规律，它是指价格在相对较长的时间内，其总体运行存在着明确的方向。在股市中，无论是进行短线操作，还是中长线操作，看清趋势，进而做到顺势而为，我们才能获利；反之，逆势而动，我们将亏损累累。

一、什么是趋势分析法

趋势是价格走势的大方向，依据价格走势大方向的不同，市场共有三种趋势：上升趋势、下降趋势和盘整趋势。趋势分析法就是通过识别、把握当前的运行趋势，进而采取有针对性的操作的一种方法。例如：在上升趋势中，我们可以选择中长线的持股待涨、短线的高抛低吸、追涨强势股等相对积极的操作策略；反之，在下降趋势中，我们只宜进行偶尔的博取反弹的短线操作；在盘整趋势中，我们则可以积极地参与市场局部热点。

小提示

"趋势"是股市技术分析领域的核心内容，不能很好地了解趋势、掌握趋势，我们就难以获利。在下一章的"道氏理论"中，我们将深入到趋势运行的内部，以看透它的本质。

二、顺势而为的操作之道

顺势而为才能获利，何为顺势而为呢？顺势就是指顺应当前的市场运行趋势，例如：上升趋势是一个绝大多数股票持续上涨的市道，此时，我们不可过早卖股离场，而应选择持股待涨的策略，以图在升势中获取最大限度的利润；反之，跌势是一个绝大多数股票持续下跌的市道，此时，我们应保持冷静，不可因个股短期内创出了新低而盲目地抄底入场，因为此时的低点随着下跌趋势的延续在后期将极有可能变成高点。

图4-6为山东威达（002026）2008年9月至2010年1月期间走势图，如图所示，此股在这一年多的时间里，其价格走势存在着明显的大方向，这个大方向就是向上，我们可以说此股处于上升趋势中。如果我们在低位区买入，但是却没能准确地把握住此股的趋势运行特征，而于上涨途中过早地卖股离场，则我们将错失后面的大好行情。

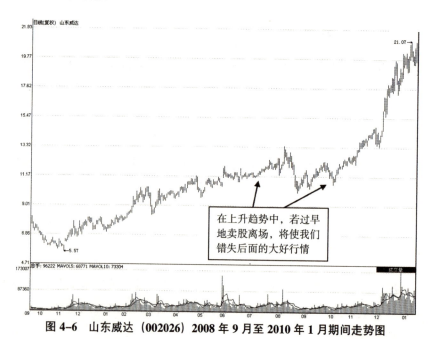

在上升趋势中，若过早地卖股离场，将使我们错失后面的大好行情

图4-6 山东威达（002026）2008年9月至2010年1月期间走势图

图4-7为七喜控股（002027）2007年10月至2008年11月期间走势图，如图所示，此股在这长达一年多的时间里，其价格走势存在着明显的大方向，这个大方向就是向下，我们可以说此股处于下跌趋势中。如果我们在高位区卖出，但

是却没能准确地把握住此股的趋势运行特征，而于下跌途中过早地抄底买股，则我们的资金将随着跌势延续而快速缩水。

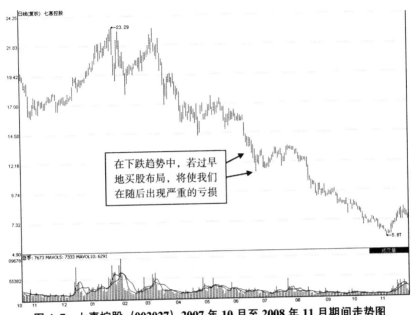

图4-7 七喜控股（002027）2007年10月至2008年11月期间走势图

小提示

分析股市及个股的趋势运行情况，可以说是我们在展开一笔交易前必须完成的工作，分析趋势的工具有很多，如移动平均线、趋势线、MACD和周K线等，我们将在随后的章节中介绍这些工具的使用方法。

第六节 技术分析之四——主力分析法

本节要点概览

1. 如何分析主力

2. 跟庄之道

节前概述

相同的市场环境下，有主力控盘的个股其涨幅可能超过 10 倍，没有主力控盘的个股其涨幅甚至会低于市场平均水平。这就是主力的作用。因而，分析、判断主力的市场行为、行动方向，将有助于我们捕捉翻倍大黑马。

一、如何分析主力

分析主力，我们可以从三方面出发：一是挖掘有主力隐藏其中的个股；二是分析主力当前的控盘过程是处于何阶段；三是分析主力的操盘手法。

对于第一点来说，我们可以通过成交量的异动、涨跌停板的价格走势异动、均笔成交量的异动等盘面形态来发现有主力活跃其中的个股；对于第二点来说，主力的控盘过程可以分为建仓、拉升、洗盘以及出货等阶段，我们的重点任务是在结合价格走势的基础上，分析个股当前处于主力控盘的哪一阶段；对于第三点来说，我们要熟悉主力的操盘手法，因为主力的操盘是为其控盘过程服务的，因而，通过操盘手法，我们将会更好地了解主力的控盘过程。

图 4-8 为龙元建设（600491）2008 年 8 月至 2010 年 2 月期间走势图，此股是一只有主力介入的个股，主力在深幅下跌后的底部区介入，这一阶段是主力的

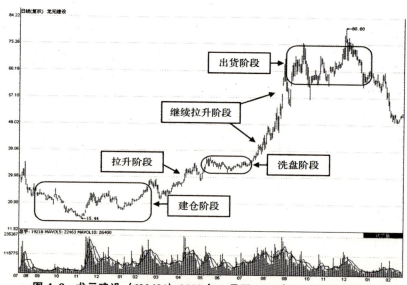

图 4-8 龙元建设（600491）2008 年 8 月至 2010 年 2 月期间走势图

建仓阶段，在主力建仓个股之后，就对其展开了全面控盘，通过图中的标注，我们可以看清主力的每一个控盘阶段。经过这几个控盘阶段之后，此股的累计涨幅也是惊人的，远远大于同期的大盘上涨幅度。

小提示

要了解主力的行为与动向，我们不仅要借助于一些工具（如均笔成交量、成交量、K线形态等），还要有丰富的经验，这需要投资者在实战中一点一点地积累。

二、跟庄之道

主力，我们一般也将其称为庄家。跟随主力进行操作，也就是跟庄。由于主力控盘的个股往往涨幅惊人，因而，如果我们可以成功展开跟庄操作的话，将会获得惊人的利润回报。那么，我们如何展开成功的跟庄操作呢？其实，归纳起来，只有两点：一是准确地判断主力的行动方向；二是不为主力的虚假控盘手法所迷惑。

小提示

不同类型的主力有不同的控盘方式及操盘手法，而且，主力的控盘也往往会随着大盘走势而有所调节，因而，结合个股类型，结合大盘走势，我们才可以更好地开展跟庄操作。

第七节　技术分析之五——分时图分析法

本节要点概览

1. 分时图中的关注要素

2. 委买盘与委卖盘

3. 内盘与外盘

4. 大笔成交

5. 委比

6. 量比

节前概述

分时图分析法是以分时图为核心，通过分时线与均价线之间的位置关系、盘口中的一些实时成交量数据来把握短期内多空力量的转变情况，它是一种超短线的分析方法。在实盘操作中，一些典型的分时线形态是我们在利用这种分析法时的重点所在。

一、分时图中的关注要素

分时图是多空双方交锋的最前沿，盘口中的一些实时数据（如分时线形态、挂单情况、委比、量比和内外盘等）可以帮助我们实时地了解多空力量的变化，甚至捕捉到主力的市场行动踪迹，分时图分析法就是以这些实时的盘口数据为依托，来分析多空双方的交锋情况，从而预测个股随后的走势。

在利用分时图分析方法时，每个交易日盘口中的实时数据是我们关注的对象，如分时线运行形态、分时量变化、委比、量比、内外盘等，其中的分时线运行形态是核心所在。对于分时线、均价线和分时量等盘口信息，我们在前面已经讲过，下面我们来看看盘口分时图中的其他几个实时数据。

小提示

盘口实时分析法以当日盘口的实时数据为对象，它更适用于分析个股的短期走势；在实盘操作中，为了使我们的分析更为准确，我们还要综合考虑到此股的阶段性走势情况、趋势运行情况，以此为背景，所得出的分析结论就会更为准确。

二、委买盘与委卖盘

委买盘也称为买盘，委卖盘也称为卖盘。委买盘对应于股票行情软件中的

"买一"至"买五"的买盘窗口，它显示了投资者所挂出的委托买单信息；委卖盘对应于股票行情软件中的"卖一"至"卖五"的卖盘窗口，它显示了投资者所挂出的委托卖单信息。

委托买单是已挂出但仍未成交的买单，委托卖单是已挂出但仍未成交的卖单信息。这些已挂出的买单与卖单，投资者可以随时撤掉。

很明显，当委买盘较大时，说明有更多的委买单在下面承接，是个股难跌的表现；反之，当委卖盘较大时，说明有更多的委卖单在上面压着，是个股难涨的表现。

三、内盘与外盘

内盘是以主动性卖出的方式所成交的数量，即卖方向买盘中事先已挂出来的委买价位直接砸出去所成交的数量，内盘越大则主动性抛盘越多；外盘是以主动性买入的方式所成交的数量，即买方向卖盘中事先已挂出来的委卖价位直接买入所成交的数量，外盘越大则主动性买盘越多。

内盘与外盘相加之和为成交量。内盘与外盘的作用主要是用于分析投资者的主动性买入意愿更强还是主动性卖出意愿更强。若外盘数量大于内盘，表示多数卖出价位都有人主动去接，这意味着买方力量较强；若内盘数量大于外盘，表示大多数的买入价位都有人主动去砸，这意味着卖方力量较强。

四、大笔成交

大笔成交是指真实成交的大笔单子。例如：一只个股每笔交易成交的数量都在几十手左右，如果此时出现了一个远大于平均每笔成交量的（例如：千手左右）的单笔买入，这就是一个大笔成交，我们将其称为大单买入；反之，如果出现了一个远大于平均每笔成交量的单笔卖出，则这同样是一个大笔成交，我们将其称为大单卖出。

由于主力的进出力度远远大于普通的散户投资者，因而，大笔成交这一行情数据主要用于分析主力的市场行为。当个股在低位区时，若频繁地出现大单买入，可以看作是主力建仓的表现；反之，当个股在高位区时，若频繁地出现大单卖出，则可以看作是主力出货的表现。

五、委比

委比的计算公式为委比 = (委买手数 - 委卖手数)/(委买手数 + 委卖手数) × 100%，依据这一公式，它的取值范围是-100%~+100%。委比是一个衡量市场当前委买委卖盘相对强度的指标。

当委比值为正值并且委比数值较大，说明市场中的委托买单数量更大，一般来说，这也是买盘更多、多方力量更强的体现；反之，当委比值为负值并且委比绝对值较大时，说明市场中的委托卖单数量更大，一般来说，这也是卖盘更多、空方力量更强的体现。委比值从-100%至+100%是买盘在逐渐增强、卖盘逐渐减弱的一个过程；反之，当委比值从+100%至-100%则是卖盘力量逐渐增强、买盘力量逐渐减弱的过程。投资者在实际应用委比这一数据时，可以将其同内外盘数据结合起来进行分析，内盘与外盘反映了真实成交的买盘与卖盘的关系，而委比则反映了委买盘与委卖盘的关系，它们两者互为补充，是我们理解个股走向的着手点之一。

六、量比

量比，即成交量的相对比值，量比的计算公式为：量比=现成交总手/[过去5日平均每分钟成交量×当日累计开市时间（分）]，依据量比的大小，我们可以实时地了解到个股在当日开盘之后是出现了放量还是缩量，是我们在盘口中第一时间发现个股量能异动的指标。为了形象地表示量比数值的变化，将每一分钟的量比数值连成平滑的曲线即可以得到量比曲线。

量比这个指标所反映出来的信息是目前盘口的成交力度与最近五天的成交力度的差别。量比的数值越大，表明当日该股的成交越活跃，这也是多空双方交锋加剧、价格波动幅度将较大的体现；反之，量比值越小，说明市场的交投较为平淡，这也是多空双锋缓和、个股难以出现明显涨跌的表现。

我们可以把量比数值划分为以下几个级别：①量比在0.8~1.5倍，这是市场交投处于常态的表现，价格的走势也多是沿原有方向缓和运行，难以出现明显的加速或是反转；②量比在1.5~2.5倍，这可以称为温和放量，此时如果股价也处于温和上扬状态，可以看作量价齐升的健康上涨，可继续持股，若此时股价下跌，则可认定跌势难以在短期内结束，从量能方面考虑可以场外观望；③量比在

2.5~5 倍，这是明显的放量，说明多空双方交锋开始趋于激烈，是价格走势面临突破或是反转的迹象。

　　图 4-9 为福田汽车（600166）2011 年 2 月 16 日的盘口分时图，如图中标注所示，可以看到，随着盘口中价格走势的加速，量比曲线也出现快速的上扬，通过量比曲线，我们可以直观、清晰地看到个股在盘中的量能实时变化情况。

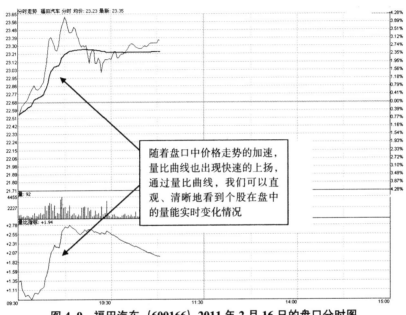

图 4-9　福田汽车（600166）2011 年 2 月 16 日的盘口分时图

第八节　技术分析之六——指标分析法

本节要点概览

1. 什么是技术指标分析法

2. 技术指标的种类

节前概述

技术指标法是技术分析中极为重要的分支，它也是我们实盘操作中的重要工具，利用技术指标线的典型形态，我们不仅可以准确地把握价格的趋势运行情况，从而展开中长线操作；同样也可以准确地把握住短期的高点与低点，进而展开短线操作。本节中，我们就来看看这一技术分析领域中的重要分支——技术指标分析法。

一、什么是技术指标分析法

技术指标分析法是以数字量化的思路，将交易过程中所产生的某些数据为输入参数，依托于某种技术分析理论、技术理念，将其数学函数化、抽象化，进而通过数字或函数曲线的方式来反映市场的情况，进行预测价格走势的方法。

技术指标分析法所依据的交易数据主要包括相应时间周期内的开盘价、收盘价、最高价和最低价及成交量，不同的技术指标会使用不同的交易数据，遵循不同的计算方法。

二、技术指标的种类

由于侧重点不同，我们将各种技术指标大致划分为以下几类：趋势类指标、成交量指标、摆动类指标、能量类指标、大盘指标和相关的专业指标等。

（1）趋势类指标：趋势类指标就是以股市中的趋势理论为核心，以反映市场或个股的趋势运行情况为目的的一类指标。趋势类指标主要包括：移动平均线（MA）、指数异动平滑平均线（MACD）、三重指数平滑指标（TRIX）、瀑布线（PBX）和趋向指标（DMI）等，其中移动平均线 MA 是趋势类指标中最基础、最重要的一个指标，我们将在随后进行详细的讲解。

（2）成交量指标：成交量指标主要用于反映成交量变化情况的一类指标。由于成交量类指标主要以成交量这一数据为核心，并不是以价格作为指标的直接参数。因此，在使用成交量类指标时，投资者应结合可以反映股价走向的趋势类指标进行综合判断。成交量指标主要包括：成交量（VOL）、均量线和能量潮（OBV）等。

（3）摆动类指标：摆动类指标以统计学为依托，通过分析价格短期内偏离平衡位置的情况，进而指示出当前市场的超买超卖状态，以此来指导投资者进行短线操作。值得注意的是：摆动类指标是一种仅适用于短线操作的指标。摆动类指标主要包括随机摆动指标（KDJ）、相对强弱指标（RSI）等。

（4）能量类指标：能量类指标是分析市场多空能量变化情况的指标。当多方能量较强时，能量类指标会提示我们进行买股操作；当空方能量较强时，能量类指标则提示我们进行卖股操作。能量类指标主要包括人气意愿指标（ARBR）、中间意愿指标（CR）和心理线（PSY）等。

（5）大盘指标：大盘指标以股市整体为研究对象，它用于指示大盘的运行情况，反映股市的实际情况。值得注意的是：大盘指标仅仅适用于大盘，并不适用于个股。而前面的几类指标则既适用于个股分析，也适用于大盘分析。

小提示

技术指标不仅是一种分析方法，它更是一种实战性很强的工具，在实盘操作中，无论是对于趋势的研判，还是对于短期高低点的把握，我们都可以借助于相关的技术指标来展开实战。

第五章　经典理论中透析股市运行

对于刚进入股市的新手来说，只有打下坚实的基础，才能更好地了解股市、看透价格走势的表象，从而更好地利用各种具体的分析方法展开实战。经典的技术分析理论既是值得我们借鉴的思想，也是帮助我们看透股市实质的基础。本章中，我们将通过技术分析的鼻祖理论——道氏理论，来理解趋势运行规律，通过波浪理论来把握趋势运行方式，通过箱体理论展开顺势操作，通过江恩理论掌握交易之道，通过量价理论学会运用基本的量价配合来展开中短线的买卖操作。

● 全方位论述趋势运行规律——道氏理论

● 阐述趋势运行的具体方式——波浪理论

● 涨买跌卖的操作之道——箱体理论

● 量在价先的买卖方法——量价理论

● 胜券在握的交易之道——江恩理论

第一节　全方位论述趋势运行规律——道氏理论

本节要点概览

1. 道氏理论的诞生

2. 平均指数包容消化一切

3. 基本走势、次级走势、短期走势

4. 上升趋势的三个阶段

5. 下跌趋势的三个阶段

6. 成交量对趋势运行有验证作用

7. 趋势反转时有明确的反转信号

节前概述

道氏理论是技术分析中基础理论，它首开技术分析先河，全面地论述了股市中最为重要的客观规律——趋势运行规律。虽然道氏理论是以大盘指数为研究对象，但其所得结论同样适用于个股。在道氏理论之后，各式各样的技术分析理论、技术分析方法如雨后春笋般纷纷地破土而出。因而，我们可以将道氏理论看作是技术分析领域中的鼻祖理论。

一、道氏理论的诞生

道氏理论是技术分析中的基础性理论，它由华尔街日报的记者、道琼斯公司的共同创立者查尔斯·道（1851~1902 年）最先提出，当时，投资者普遍认为个股的走势与股市整体并无多大牵连，个股的走势是由企业盈利情况、投资者对个股的认可程度等因素决定。但查尔斯·道并不这样认为，他认为股市的运行深深地牵动着个股的走势，在此基础之上，查尔斯·道创设了道琼斯指数，以此来反映股市的整体运行情况。

基于对道琼斯指数的研究，查尔斯·道提出了一系列关于股市趋势运行的观点，这些观点散见于他所发表的报纸、杂志上。但查尔斯·道并没有对这些思想进行系统化的论述，也没有单独成书来阐述。今天，我们所接触的道氏理论是经威廉姆·皮特·汉密尔顿（William Peter Hamilton）和罗伯特·雷亚（Robert Rhea）继承发展后的成果，两人所著的《股市晴雨表》及《道氏理论》成为后人研究道氏理论的经典著作。

小提示

"大盘的走向深深牵动并制约着个股的走势"、"大盘的走势（股市的走势）是有趋势可循的"这两种观点在今天看来是显然为真的，但在道氏理论诞生之前，当时的主流思想却并不这样认为，可以说，道氏理论是具有开创性的，查尔斯·道不仅通过创设道琼斯指数使人们开始关注股市的整体走向，而且其所论述的趋势运行规律则使投资者对股市运行有了更深刻的认识。

二、平均指数包容消化一切

我们可以将道氏理论的核心思想概括为以下五点：①平均指数包容消化一切；②市场运行存在三种趋势：基本趋势、次级趋势、短期趋势；③上升趋势与下跌趋势各可分为三个阶段；④成交量对趋势运行有验证作用；⑤趋势具有强大的惯性，直到一轮趋势发出明确的反转信号为止。

平均指数包容消化一切是指：平均指数（我们常说的大盘指数）反映了无数投资者的综合市场行为，影响股市的因素多种多样，而平均指数则会在其每日的波动过程中包容消化各种已知的、可预见的事情。例如：领导人的讲话、金融货币政策的调整、重大的社会生活事件、周边其他市场的涨跌等。

小提示

"平均指数包容消化一切"与技术分析领域的第一条假设"市场行为涵盖一切"的含义基本相似，所不同的是，道氏理论更进一步，将"市场行为"具体化为实实在在的数字"平均指数"，这有助于投资者以量化的方式来把握市场行为。

三、基本走势、次级走势、短期走势

道氏理论将价格走势依级分别划分为三种：基本走势、次级走势和短期走势。

 基本走势　基本走势也称为基本趋势、主要趋势，它是大规模的、中级以上的上下运动，通常持续一年或有可能数年之久，并导致股价累计增值或贬值20%以上。基本趋势依据其运行方向可以分为上升趋势、下跌趋势和盘整趋势。

小提示

基本趋势是真正的长线投资者所关注的唯一趋势。中长线投资者的目标是尽可能地在一个牛市开始后尽早买入并一跌持股,并在熊市开始后尽早卖掉并一直持币观望。中长线投资者如果认为上升趋势并没有结束,他们便可以很从容地忽略各种次等的回调及小幅波动,可以说中长线投资者是在一个相对时间较长的跨度内来把握投资策略。

次级走势是穿插在基本趋势运行过程中并与基本趋势运行方向相反的走势,它对基本趋势的推进有牵制及修正作用。例如:上升趋势中出现的回调走势、下跌趋势中出现的反弹走势,均属于次级走势。

小提示

一般来说,次级走势持续时间在3周时间到数月不等,但很少再长,其回调或反弹的幅度是价格在此之前的一波上涨或下跌幅度的1/3到2/3。

短期走势是指价格在一两个交易日或几个交易日内的小波动,道氏理论认为短期走势多由一些偶然性的因素导致。

图5-1为基本趋势、次级走势和短期走势示意图,时间为横轴,价格为纵轴,从"1"到"6"的整个运动过程称为基本趋势,在这一图形中,基本趋势的方向是向上的。从"2"到"3"及从"4"到"5"的运动过程为次级走势,在这一图形中,次级走势是与基本趋势运行方向相反的回调走势。从"A"到"B"的小波动则是短期走势。

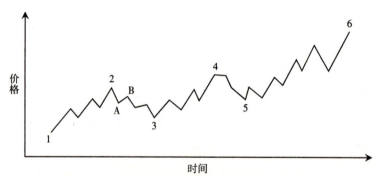

图5-1 基本趋势、次级走势和短期走势示意图

四、上升趋势的三个阶段

上升趋势也就是我们常说的牛市，是价格走势一浪高于一浪的运行过程，一般来说，在上升趋势中，每一个后续价位会上升到比前一个价位更高的水平，而每一波上涨后的回调所创下的低点都高于之前一波上涨后的回调低点。

以"波峰"、"波谷"这两个概念，我们可以更好地理解上升趋势的运动过程，其实，上升趋势就是价格走势"一峰高于一峰"、"一谷高于一谷"的运动过程。

对于上升趋势来说，它是一个相对漫长的运动过程，我们可以将其细分为三个阶段：

第一阶段是多方能量积累阶段。它对应于趋势运行的底部阶段，在这一阶段，有远见的投资者、主力资金等预测到了市场的好转，从而展开买入操作，股票筹码也开始逐步落入到看多、做多意愿更为明确的多方手中。在这一阶段，由于多方力量开始强于空方，因而价格走势摆脱了原来的持续下跌状态，但由于多方的买入速度并不是特别快，一般来说，并不会出现快速的大幅上涨，多是以缓缓地稳健攀升为主基调。

第二阶段是持续的上涨阶段。这一阶段是上升趋势的主要阶段，狭义上的"上升趋势"其实就是指代这一阶段。在这一阶段中，随着场外买盘资金的加速涌入，价格走势沿上升通道快速推进，股市节节走高、造富效应明显。当然，这一阶段之所以可以长时间、持续地大幅度上涨，既源于买盘资金的充足，也源于良好的经济环境、企业的优秀业绩等基本因素，正是在这一阶段，技术娴熟的投资者可以赚得高额的利润。我们常说在股市中要"顺势而为"，这种"顺势"体现在上升趋势中就是：我们应在上升趋势中的这一主阶段"持续的上涨阶段"做到长久地持股待涨。

第三阶段是见顶前的拔高阶段。由于第二阶段的持续、长久地上涨，使得市场一边倒地看多、做多，但场外的买盘资金毕竟数量有限，价格的持续上涨也必然使得其估值状态节节攀升，随着市场泡沫的加剧、买盘资金的匮乏，股市就会进入到升势的末尾。在这一阶段，有远见的投资者意识到了风险的来临，从而抛出手中的获利筹码，也有一些不理智的投资者因情绪影响而出现了不切实际的幻想，从而在高位接盘。

图 5-2 为上证指数 2006 年 1 月至 2007 年 10 月期间走势图，股市在此期间处于上升趋势中，图中标注了上升趋势运行的三个阶段，通过这种阶段的划分方法，我们对上升趋势的运行规律将有一个更为透彻的了解。

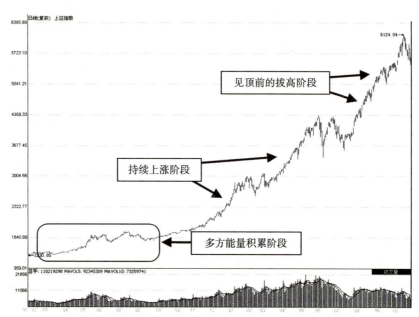

图 5-2　上证指数 2006 年 1 月至 2007 年 10 月期间走势图

小提示

　　将上升趋势划分为三个阶段，这有助于我们更好地了解升势。但一轮上升趋势的推进过程是较为复杂的，它的走势也绝不是可以泾渭分明地划分为三个阶段的，而且，每一轮的升势都有其独特的特点，在实盘操作中，我们仍应结合市场的实际情况进行分析，展开操作。

五、下跌趋势的三个阶段

　　下跌趋势也就是我们常说的熊市，是价格走势一浪低于一浪的运行过程，一般来说，在下跌趋势中，每一个后续价位会下跌到比前一个价位更低的水平，而每一波下跌后的反弹所创下的阶段性高点都高于之前一波下跌后的反弹高点。

以"波峰"、"波谷"这两个概念，我们可以更好地理解下跌趋势的运动过程，其实，下跌趋势就是价格走势"一谷低于一谷"、"一峰低于一峰"的运动过程。

对于下跌趋势来说，它是一个相对漫长的运动过程，我们可以将其细分为三个阶段：

第一阶段是空方能量积累阶段。它对应于趋势运行的顶部阶段，在这一阶段，有远见的投资者、主力资金等预测到了升势的见顶，从而展开卖出操作，而那些不了解股市风险、不能及时把握市场转向的投资者则开始接盘。在这一阶段，由于空方力量开始强于多方，因而，价格走势摆脱了原来的持续上涨状态，但由于空方的抛售速度并不是太快，也没有集中涌出，因而，一般来说，并不会出现快速的大幅下跌，多是以不断震荡的方式实现价格重心的缓缓下移。

第二阶段是持续的下跌阶段。这一阶段是下跌趋势的主要阶段，在此阶段，市场跌速加快，跌幅逐步扩大。这一阶段之所以可以长时间、持续地大幅度下跌，既源于场外买盘的无意入场，也往往是由于同期经济环境较差、企业盈利能力下滑等基本面的负面因素影响所致。我们常说在股市中要"顺势而为"，这种"顺势"体现在下跌趋势中就是：我们应在下跌趋势中的这一主阶段"长久地持币观望"，不可过早地抄底入场。只有这样，才能最大限度地规避熊市的风险。

第三阶段是探底阶段。第二阶段的持续下跌在很大程度上释放了空方力量，但长期的下跌也使得股市的恐慌气氛蔓延，虽然此时的股市估值已经处于合理状态，但市场的恐慌情绪往往只有把股市打压到一个反常的低点后。此时，往往因场外的一些利空消息出现，使得市场残余的空方力量最后一次集中涌出，价格走势出现短期快速下跌，随后即步入底部区间。

图5-3为上证指数2007年8月至2008年11月期间走势图，股市在此期间处于下跌趋势中，图中标注了下跌趋势运行的三个阶段，通过这种阶段的划分方法，我们对下跌趋势的运行规律将有一个更为透彻的了解。

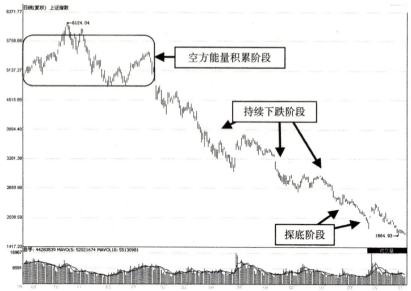

图5-3　上证指数2007年8月至2008年11月期间走势图

小提示

　　当下跌趋势实实在在地出现后，我们千万不可以过早地抄底入场，否则在前期牛市中所获取的利润将极有可能化为乌有，甚至还会出现本金亏损。

六、成交量对趋势运行有验证作用

　　"成交量对趋势运行有验证作用"是指：在结合当前趋势运行的情况下，我们可以通过成交量的变化方式来检验当前趋势运行的可靠性。例如：在上升趋势中，随着价格走势的节节攀升，如果成交量也在不断放大，则说明买盘充足且正源源不断地涌入场内，是升势可靠的体现，也是升势仍将持续下去的标志。

小提示

　　道氏理论强调的是市场的总体趋势，是基本运动，其方向变化的结论性信号，只能通过价格的分析得出，而交易量只是起辅助性的作用，是对价格运动变化的参照和验证。

七、趋势反转时有明确的反转信号

这一条的意思是：趋势运行有着强大的惯性，一个既成趋势具有惯性，如果没有强大外力的作用，通常会继续发展。在趋势运行过程中提前预测趋势将在哪个点位出现反转是不明智的，但一轮趋势也不可能一直持续下去，涨得过多后，就会出现反转下跌；跌得过多后，就会出现反转上行。在趋势反转时，我们会看到明确的反转信号。

小提示

这一原则也可以说是一条操盘原则，因为在一轮牛市开始后，很多投资者都因为获小利而提前卖股离场，总认为市场已到了顶部，殊不知，这样会面临踏空的危险，将极有可能错失后面的大好行情；反之，当熊市开始后又往往喜欢抄底。这样的反复操作会使得投资者在股市摸爬滚打多年，最后的结果可能是在牛市中只赚到了很少的利润，而在熊市中却受到了较为严重的损失。

第二节　阐述趋势运行的具体方式——波浪理论

本节要点概览

1. 何为波浪理论

2. 五升三降的八浪循环过程

3. 数浪原则

节前概述

道氏理论开启了技术分析之门，它系统性地阐述了股市的趋势运行规律，但却并没有指出趋势的具体运动方式。波浪理论正是在此基础之上破土而出的，波浪理论通过五升三降的八浪循环过程指出一轮趋势的具体运行方式，为我们了解趋势运行动态指明了途径。有一句经典的比喻指出道氏理论与波浪理论之间的关系："道氏理论告诉人们何为大海，而波浪理论指导你如何在大海上冲浪。"

一、何为波浪理论

波浪理论是美国证券分析家拉尔夫·纳尔逊·艾略特（Nalph Nelson Eilliott）于 20 世纪 30 年代发明的一种重要金融市场分析工具。艾略特通过分析道琼斯指数的历史走势，发现股票市场的波动与自然中的潮汐现象极其相似，一浪跟着一浪，周而复始。而且，这种波浪运行方式呈现出一种"自然的韵律"并且是一种"可识别的模式"，在此基础之上，艾略特精练出市场的 13 种形态（Pattern），这些形态可重复出现，但是出现的时间间隔及幅度大小并不一定具有再现性。而后他又发现了这些呈结构性形态之图形可以连接起来形成同样形态的更大图形。这样提出了一系列权威性的演绎法则用来解释市场的行为，这就是波浪理论。其理论在其著作"Natre's lsw–The Secnt of the Universe"中得到了系统的论述。

小提示

波浪理论的核心内容可以用一句话来概括：即"五升三降的八浪循环过程"，下面我们就来详细了解一下波浪理论的主要内容。

二、五升三降的八浪循环过程

波浪理论认为股市的上升趋势与下跌趋势会交替出现，一轮完整的升势及随后的跌势构成了一个八浪循环走势。在八浪循环运行过程中，推动浪与调整浪是两种最为基本的波浪形态。所谓的推动浪是指大方向向上的波浪，它可以再分割成五个小浪，一般用第 1 浪、第 2 浪、第 3 浪、第 4 浪、第 5 浪来表示，调整浪则是指大方向向下的波浪，调整浪也可以划分成三个小浪，通常用 a 浪、b 浪、c 浪来表示。由于波浪理论认为股市的整体走向是震荡向上的，因而，推动浪的累计上涨幅度应大于随后的调整浪下跌幅度。

将一轮完整的升势及随后的跌势描述为"五升三降的八浪循环过程"，这是波浪理论的开创性内容，图 5-4 为一轮牛熊交替走势所呈现出的五升三降运行方式示意图，我们结合这张图来看看每一浪所蕴含的市场含义及其形态特点。

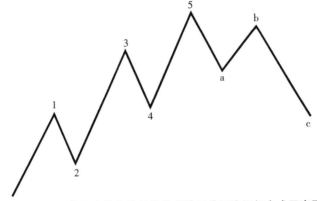

图 5-4　一轮牛熊交替走势所呈现出的五升三降运行方式示意图

　　第 1 浪：这一浪是上升趋势的起始浪，此时的市场处于前期深幅调整后的低点，大多数投资者并不会马上就意识到上升波段已经开始。所以，在实际走势中，大约半数以上的第一浪属于修筑底部形态的一部分。一般来说，这一浪的上涨幅度及量能放大情况都要相当地大于下跌途中的反弹走势，这说明有场外买盘资金开始加速流入市场。

　　第 2 浪：这一浪出现在第 1 浪之后，是对第 1 浪的调整。由于市场人士常常误以为熊市尚未结束，因而这一浪往往具有较大的杀伤力。第 2 浪的特点是成交量逐渐萎缩，波动幅度渐渐变窄，反映出抛盘压力逐渐衰竭，多会出现传统图形中的转向形态，如头肩底、双重底、三重底等。

　　第 3 浪：这一浪是上升趋势的主升浪，在整个上升趋势中，第 3 浪也是属于最具有爆炸性的一浪，因为在第 1 浪中，股市的涨幅最大，持续时间也最长。在这一浪中，由于股市的不断上涨，从而激发了越来越多的投资者关注股市并加入进来，因而，在这一浪的运行过程中，我们往往可以看到持续放大的量能形态，这正是场外买盘资金加速流入的体现，也是升势强势运行的体现。在 K 线走势图中，常常会出现向上突破的跳空缺口，表明当前的市场已由多方完全主导。

　　第 4 浪：这一浪是对主升浪的一次修正，主升浪过快、幅度过大的上涨，导致市场获利盘急速增多，为了上升趋势继续推进，就需要消化掉一部分的获利抛压，从形态的结构来看，第 4 浪经常是以三角形、楔形、旗形等整理形态呈现出来。在调整幅度上，第 4 浪的浪底不允许低于第 1 浪的浪顶。

第5浪：这一浪是上升趋势的延续，也是上升趋势处于强弩之末的表现，但其涨幅在大多数情况下比第3浪小。在第5浪的运行过程中，由于买盘趋于枯竭或是多方力量在进行最后的集中释放等原因，往往会出现一些预示着升势即将见顶的反转形态，如量价背离、上涨角度变得更为陡峭等。

第a浪：这一浪是紧随第5浪之后的调整浪，也属于筑顶的一浪，它的调整幅度与调整时间往往都要相应地大于上升趋势中的回调走势，此时，市场投资者仍是以多头思维为主，并未意识到上升趋势已经见顶，一些短线客也仍旧在积极参与，但此时的买盘却已无法推动股市继续上涨，这导致顶部滞涨走势的出现，也将使越来越多的投资者意识到升势的结束。在这一浪的运行过程中，由于买盘介入力度大幅减弱，量能多会出现一定的萎缩。

第b浪：这一浪出现在a浪之后，是属于"多头陷阱"的一浪，也是空方开始积聚能量的一浪，在实际走势中，由于买盘的枯竭，这一浪的反弹力度往往较差，因而使得其走势形态呈现出明显的横盘滞涨。这一浪与之前的第5浪往往会组合成一些经典的顶部反转形态，如头肩顶、双重顶等。

第c浪：紧随着b浪而后的是c浪，由于b浪的完成顿时使许多市场人士醒悟，一轮多头行情已经结束，期望继续上涨的希望彻底破灭，所以，大盘开始全面下跌。c浪是下跌趋势的主推动浪，它的出现既与市场抛压不断增强、场外买盘无意入场等场内因素有关，也与宏观经济走势下滑、企业盈利能力下降等因素有关，从性质上看，c浪是破坏力较强的下跌浪，c浪在下跌行情中的地位就如同第3浪在上行行情中的地位，持续的时间较长且跌幅巨大，这一浪往往会跌去前期上升趋势的五六成。

图5-5为上证指数2005年7月至2008年9月期间走势图，在此期间，股市完成了一轮升势与跌势的整个循环过程，结合波浪理论对趋势运行方式的描述，如图中曲线标注所示，可以看到，这一轮牛熊交替走势正是以"五升三降"的方式呈现出来的。其中，上升趋势中的第3浪，其涨幅最大，涨势最为凌厉，是升势处于加速运行阶段的典型体现；而下跌趋势中的c浪则是跌幅最大、跌势最快的一浪，它使得前期升势成果的五六成化为乌有。

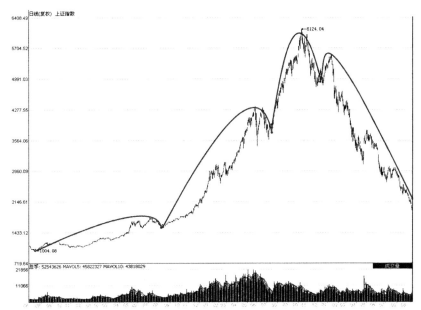

图 5-5 上证指数 2005 年 7 月至 2008 年 9 月期间走势图

小提示

利用波浪理论，我们就可以更好地识别趋势运行细节，但波浪理论也有一个明显的不足之处，这就是如何去正确地数浪。对于同样的市场走势，有的投资者可能将当前的上涨看作是第 3 浪，也有的投资者会将其看作是第 5 浪，为了帮助投资者正确地识别每一浪，艾略特总结出了四条数浪原则。下面，我们就来看看这四条数浪原则。

三、数浪原则

数浪原则 1：第 3 浪永远不能是前五浪中最短的一浪。在趋势的实际运行过程中，第 3 浪多会成为前五浪中幅度最大，力度也最大的一浪。

数浪原则 2：第 4 浪的浪底不能低于第 1 浪的浪顶。

数浪原则 3：方向相同的前后两个浪（如第 1 浪与第 3 浪、第 2 浪与第 4 浪），其运行形态往往是以"简单—复杂"或是"复杂—简单"的前后顺序出现的。例如：对于同为调整浪的第 2 浪与第 4 浪来说，如果第 2 浪的运行形态较为简单，则第 4 浪的运行形态往往就较为复杂；反之，如果第 2 浪的运行形态较为复杂，则第 4 浪的运行形态就较为简单。

数浪原则 4：1、3、5 浪中只有一浪延长，其他两浪长度和运行时间相似。

虽然这四条数浪原则可以帮助我们更好地划分出每一浪，但它们并不能构成一个完备的数浪原则系统，投资者仍有可能因主观因素而出现明显的数浪分歧，在实盘操作中，我们还应注意结合市场的累计涨跌幅以及持续时间和基本面等综合要素来把握趋势运行情况。

第三节　涨买跌卖的操作之道——箱体理论

本节要点概览

1. 何为箱体理论

2. "涨买"的操作之道

3. "跌卖"的操作之道

节前概述

箱体理论既是一种重要的技术分析理论，也是指导投资者进行实盘操作的一门技术。箱体理论最大限度地结合了"顺势而为"的操作理念，为我们进行实盘操作开辟了一种新的方法。

一、何为箱体理论

箱体理论是由尼古拉斯·达瓦斯（Nicolas Darvas）所提出，这一理论的诞生是具有传奇色彩的。尼古拉斯·达瓦斯是一个舞蹈家，他用跳舞挣来的 3000 美元开始了股票投资，并在 18 个月的时间内净赚 200 万美元，而这 200 万美元大都是通过他所独创的箱体操作方法赚来的。

箱体理论指出：价格的走势是以箱体波动的方式呈现出来的，箱体的形状近似于矩形。当价格上涨至箱体上沿位置处时，会有较强的阻挡，当价格下跌至箱体下沿位置处时，会有较强的支撑。

基于箱体理论对价格走势的这种描述，很多投资者会认为箱底是买入时机，箱顶则是卖出时机。这种操作方法固然有可取之处，但它却不是箱体理论的核心所在。

箱体理论是一种顺势而为的操作之道，所谓的"顺势操作"就是指：在价格突破原有箱体的上沿位置处后，我们可以追涨买入。因为这种突破预示着新一轮上涨行情的开始，也是升势将继续发展的信号。这种追涨的操作可以看作是升势出现时或升势运行中的顺势之道。反之，在价格跌破原有箱体的下沿位置处后，我们应及时卖股离场。因为这种破位下行预示着新一轮下跌行情的开始，也是跌势将继续发展的信号。这种跌卖的操作可以看作是跌势出现时或跌势运行中的顺势之道。

小提示

由于国内股市并不存在做空获利机制，因而，当个股处于高位区的震荡走势中时，此时再度突破上涨的可能性会变小，为了最大限度地保住到手的利润，应在震荡过程中进行逢高减仓的操作。

二、"涨买"的操作之道

图 5-6 为太原刚玉（000795）2010 年 5 月 31 日至 2010 年 10 月 25 日期间走势图，此股在上升途中出现了箱体震荡走势。在震荡走势中，我们往往难以准确地判断出个股的升势能否延续下去？主力的做多意愿是否仍然强烈？市场买盘是否仍然占据绝对主导地位？因而，此时不宜盲目操作。

但是，随后个股以涨停板的方式对这一箱体区实现的突破，至此，新一轮的上涨行情呼之欲出，此时追涨买入就是一种明智的顺势而为操作之道。这也是我们利用箱体理论所进行的"涨买"操作。图 5-7 标示了此股上升途中箱体被突破后的走势图，可以看到，此股的短期突破力度、强度均较大，如果我们能结合箱体理论进行及时的涨买操作，将会获取不菲的短线收益。

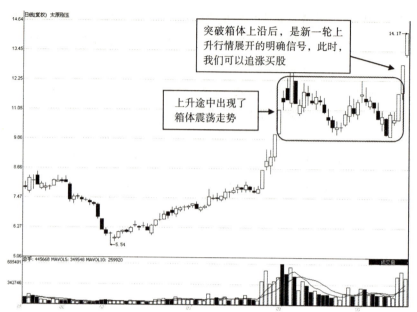

突破箱体上沿后，是新一轮上升行情展开的明确信号，此时，我们可以追涨买股

上升途中出现了箱体震荡走势

图5-6　太原刚玉（000795）2010 年 5 月 31 日至 2010 年 10 月 25 日期间走势图

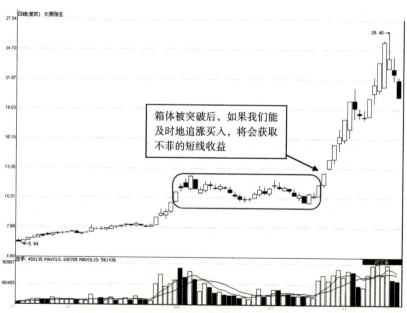

箱体被突破后，如果我们能及时地追涨买入，将会获取不菲的短线收益

图5-7　太原刚玉上升途中箱体被突破后的走势图

　　图 5-8 为苏泊尔（002032）2009 年 4 月至 2010 年 11 月期间走势图，如图中标注所示，此股在震荡上扬过程中，出现了长时间的横向震荡走势，这使得趋

势运行状态趋于不明朗，此时，我们不宜盲目操作。随后，个股突破这一箱体区，这才指明了趋势运行方向，预示着新一轮上升行情的展开，此时，我们进行追涨操作才更为有效。

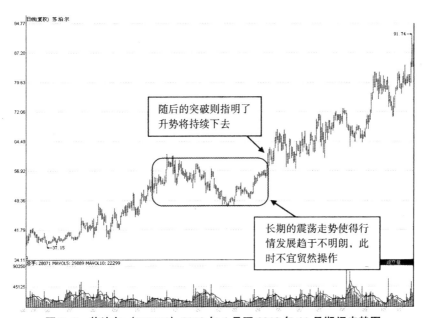

图 5-8　苏泊尔（002032）2009 年 4 月至 2010 年 11 月期间走势图

三、"跌卖"的操作之道

图 5-9 为江西水泥（000789）2009 年 8 月 21 日至 2010 年 7 月 7 日期间走势图，此股在上涨后的高位区出现了横向的箱体震荡走势，随后，当个股经箱体震荡后而向下跌破箱体下沿时，这意味着短期内的破位下行走势即将展开，我们应及时地卖股离场。

当个股跌破箱体下沿位置处时，多意味着短期内的空方力量占据了主导地位，个股如果之前处于升势中，则这是中期顶部出现的标志；如果个股此前处于下跌走势中，则这是新一轮下跌行情展开的信号。

图 5-9 江西水泥（000789）2009 年 8 月 21 日至 2010 年 7 月 7 日期间走势图

小提示

虽然箱体理论所给出的买卖时机相对迟滞，它虽不能保证我们买在一轮涨势开始前的最低点，也不能让我们卖在一轮跌势开始前的最高点，但依据箱体操作技术，我们却可以获取一轮上升行情中的大波段利润，规避一轮下跌行情中的大波段风险。因而，箱体理论仍不失为一种有效的操作之道。

第四节　量在价先的买卖方法——量价理论

本节要点概览

1. 价量齐升是牛市的标志

2. 价创新高、量相对缩小预示升势将见顶

3. 价升、量递减是上涨无力维持的信号

4. 高位区量价井喷后的快速缩量下跌是反转信号

5. 放量滞涨是短线回调信号

6. 深跌后二次探底时缩量是反转信号

7. 低位区的放量下跌是见底信号

8. 高位区的放量跌破中期均线是反转信号

节前概述

成交量是投资者最为关注的盘面数据之一，量能形态的变化也是我们分析、预测价格走势最常用的方法之一。那么，如何利用量能形态展开买卖操作呢？格兰威尔总结出来的八种量价关系堪称经典，这是八种极为常见的量价配合关系，对于指导我们的实盘操作具有重要的意义。本节中，我们就结合实例来了解这八种经典的量价关系。

一、价量齐升是牛市的标志

这一形态是指：随着价格走势的节节攀升，成交量也在不断放大，即随着价格的创新高，量能也同步创出了新高，两者呈现出一种同步的正相关放大特性。这种形态说明场外的买盘力量强大且正加速涌入，是市场处于"有价有市"行情的体现。如果价格此时正处于稳健的上升通道中，则这种量价配合形态是升势仍将强势运行下去的反映。

图 5-10 为上证指数 2006 年 8 月至 2007 年 7 月期间走势图，如图标注所示，当股市开始步入到上升通道后，我们可以看到，随着价格走势的不断攀升，成交量也同步地不断放大，这就是价量齐升形态。它是升势可靠、力度强、仍将持续下去的信号。

小提示

当价格走势长时间地逐步攀升中，随着价格走势的节节攀升，如果我们可以看到较为鲜明的价量齐升形态，则不妨耐心地持股待涨。因为，在升势中，当价量齐升形态出现时，此时的升势往往正处于上升趋势最具爆炸性的第 3 浪之中，此时，只有耐心持股，不过早获利出局，才能最大限度地获取升势所创造的利润。

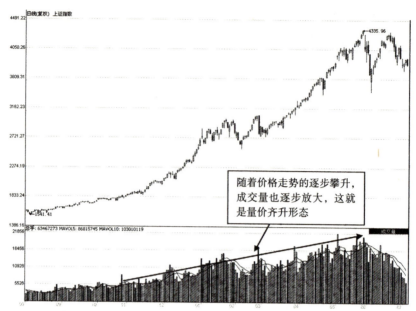

图 5-10　上证指数 2006 年 8 月至 2007 年 7 月期间走势图

二、价创新高、量相对缩小预示升势将见顶

　　这一形态也称为上升趋势中的量价背离形态，这种形态是指：在升势持续发展的过程中，虽然价格走势创出了新高，但在创新高的一波走势中，其量能却要明显地小于之前一波上涨走势时的量能，即价创新高，但量反而相对于前期上涨时出现了相对的缩小。我们可以结合图 5-11 上升走势中的量价背离形态示意图来理解这种量价关系。

　　这种量能形态预示着场外买盘资金开始出现了匮乏，如果价格前期的累计涨幅较大，则这种量价背离形态可以看作是升势即将见顶标志。

　　图 5-12 为上证指数升势末期的量价背离形态示意图，如图标注所示，在指数节节攀升后的高位区，虽然指数的一波上涨使得其再度创出了新高，但是这一波上涨时的成交量却要显著地小于前期的主升浪时的量能，这就是预示着升势见顶的量价背离形态。真实的情况是：这种量价背离形态的确准确地预示了股市牛市行情的结束，如果我们掌握了这种量价配合关系，就可以在市场即将见顶时，及时卖股离场。

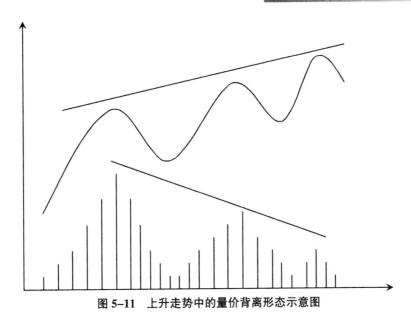

图 5-11　上升走势中的量价背离形态示意图

图 5-12　上证指数升势末期的量价背离形态示意图

三、价升、量递减是上涨无力维持的信号

这一形态是指：价格走势出现了一波上涨，但在这一波上涨时，成交量却随着价格的不断上涨而不断递减，这是价格上涨原动力不足的体现，也是上涨走势

难以持续的标志。在实盘操作中，这种量价配合形态可以指导我们短线高抛操作。

图5-13为金山开发（600679）2010年5月24日至2010年10月19日期间走势图，如图标注所示，此股在一波缓缓震荡上扬的走势中，其成交量非但没有随着价格的上涨而不断放大，反而呈现出逐步递减的形态，这就是价升量减形态，它是个股上涨走势不牢靠的表现，也是买盘力量逐渐减弱的信号。在实盘操作中，我们应及时地逢高卖股，以规避随后的下跌风险。

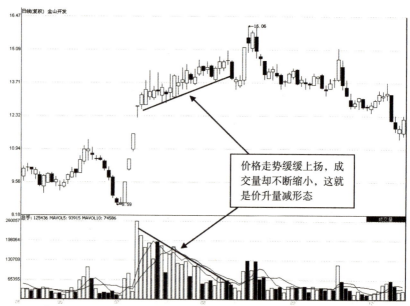

图5-13　金山开发（600679）2010年5月24日至2010年10月19日期间走势图

四、高位区量价井喷后的快速缩量下跌是反转信号

这一形态是指：在持续上涨后的高位区，出现了一波量价井喷的走势，随后成交量大幅萎缩，价格急速下跌，这表明涨势已到末期，上升乏力，趋势即将反转。反转的幅度将视前一轮价格上涨的幅度大小及成交量的变化程度而定。在这一形态中，高位区的快速缩量下跌说明多方力量已在之前的量价井喷过程中得到了充分的释放，此时，少量的抛压即可以大幅度地打低价格，因而，这可以看作是买盘趋于枯竭、顶部出现的信号。在实盘操作中，我们可以在随后的反弹走势中逢高卖股离场。

图 5-14 为柳化股份（600423）2009 年 9 月 1 日至 2010 年 3 月 18 日期间走势图，如图标注所示，此股在稳健的上升走势中出现了量价井喷的形态，随后，量能快速萎缩并伴以价格快速下跌，这是买盘短期内突然大量减少的信号，也是个股无力再度突破上行的标志，多意味着中期顶部的出现。在实盘操作中，我们应及时地逢高卖股离场。

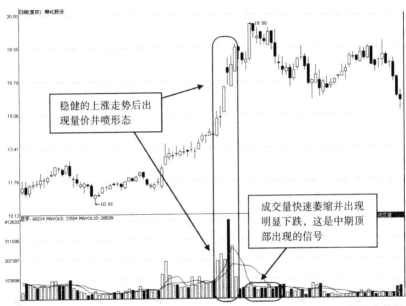

图 5-14　柳化股份（600423）2009 年 9 月 1 日至 2010 年 3 月 18 日期间走势图

五、放量滞涨是短线回调信号

这一形态是指：在一波上涨走势中的阶段高点，虽然此时的成交量仍然在大幅度地放出，但价格却明显无力上涨，呈现出滞涨走势。一般来说，这是短期内市场抛压极其沉重的体现，预示着短期内将有深幅调整走势出现。如果这种放量滞涨形态出现在长期大涨后的高位区，则它还极有可能是个股形成中期顶部的信号。在实盘操作中，我们可以结合个股的前期走势、累计涨幅进行短线或中长线的卖股离场操作。

图 5-15 为旭光股份（600353）2010 年 6 月 9 日至 2010 年 11 月 18 日期间走势图，如图标注所示，此股在一波上涨走势中的阶段性高点出现了明显的放量

滞涨形态，这是个股短期上攻乏力，一波深幅调整走势即将出现的信号。在实盘操作中，我们可以逢高卖股离场，以规避短期较大调整走势所带来的风险。

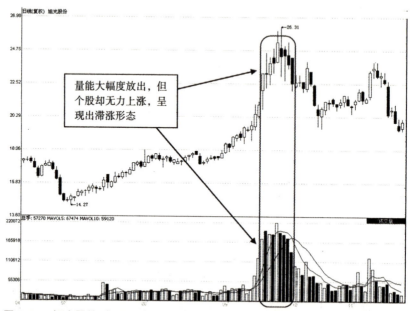

量能大幅度放出，但个股却无力上涨，呈现出滞涨形态

图 5-15　旭光股份（600353）2010 年 6 月 9 日至 2010 年 11 月 18 日期间走势图

六、深跌后二次探底时缩量是反转信号

在个股或市场经历了长期下跌之后，若出现二次探底的走势并且在价格第二次探至阶段性低点时，出现了明显的缩量（相对于第一次探至这一低点时的量能而言），则说明市场的抛盘在减少，做空的力量在减弱，一旦有一些利好因素，就能成为点燃股票上涨的导火索。因而，这种深跌后的二次探底缩量形态可以看作是反转行情即将出现的信号。在实盘操作中，我们应及时地买股布局。

图 5-16 为北海港（000582）2008 年 5 月 15 日至 2008 年 12 月 8 日期间走势图，如图标注所示，此股在深幅下跌后的低位区出现了二次探底走势，并且在二度探底时，其成交量也明显小于第一次探底时的量能，这是空方无力再度打压个股并使其步入跌势的表现，这也预示着原有的下跌行情已近结束，是我们应及时买股布局的信号。

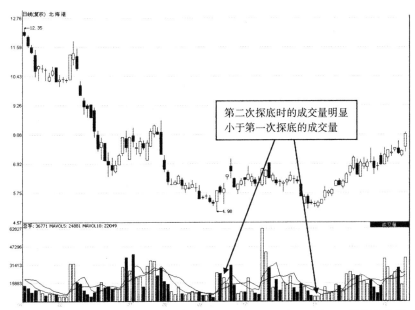

图 5-16　北海港（000582）2008 年 5 月 15 日至 2008 年 12 月 8 日期间走势图

七、低位区的放量下跌是见底信号

在长时间的下跌之后，股市或个股此时处于明显的低位区间，但市场仍有部分做空能量残余，此时，如果出现了一波快速的放量下跌走势，则多是恐慌性抛盘集中涌出的体现，这也预示着短期内的做空力量明显不足，因而，恐慌性卖出后所创的低价不可能在极短时间内突破，此时，是我们中短线买股布局的时机。

图 5-17 为浦发银行（600000）2008 年 2 月 21 日至 2008 年 9 月 17 日期间走势图，此股在深幅下跌后的低位区出现了一波迅急的放量下跌走势，这是市场恐慌性抛盘集中涌出的标志，预示着中期底部的出现。

八、高位区的放量跌破中期均线是反转信号

在持续上涨后的高位区，如果个股或市场出现了放量下跌走势且这一波放量下跌走势还向下跌破了中期均线（MA30、MA60），则多预示着空方力量已完全占据了主导地位，且正开始发起进攻，是一轮下跌行情即将展开的信号，此时，我们应尽早地卖股离场。

图 5-18 为上海汽车（600104）2009 年 5 月 25 日至 2010 年 4 月 9 日期间走

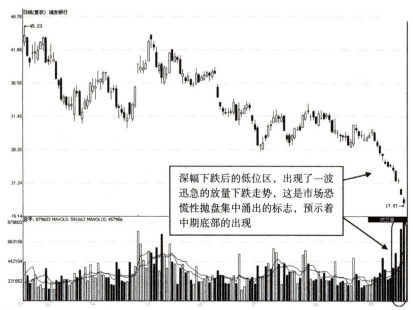

深幅下跌后的低位区，出现了一波迅急的放量下跌走势，这是市场恐慌性抛盘集中涌出的标志，预示着中期底部的出现

图5-17　浦发银行（600000）2008年2月21日至2008年9月17日期间走势图

势图，如图标注所示，此股在持续上涨后的高位区，出现了放量跌破中期均线的形态，这是趋势反转下行的信号，此时，我们应及时地卖股离场，以规避下跌行情出现后所带来的风险。

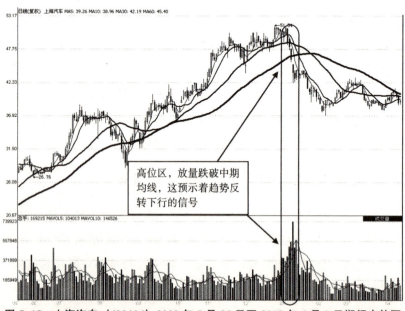

高位区，放量跌破中期均线，这预示着趋势反转下行的信号

图5-18　上海汽车（600104）2009年5月25日至2010年4月9日期间走势图

小提示

这八种基本的量价关系对我们利用成交量形态的变化来展开实盘操作具有重要的指导意义，而且，也是我们进一步学习量价分析之道的入门必备知识。由于经典的量价理论是从多空力量转变、市场情绪变化的角度为着手点的，并没有过多地考虑到主力控盘这个因素，因而，在实盘操作中，我们应结合个股的具体特点来进行综合分析，以此才能得到更为可靠的结论。

第五节　胜券在握的交易之道——江恩理论

本节要点概览

1. 江恩理论概述

2. 时间法则

3. 回调法则

4. 波动法则

5. 成功投资者必备的五种素质

6. 交易之道

节前概述

威廉·江恩是期货市场的传奇人物，他所创造的把时间与价格完美地结合起来的理论，至今仍为投资者及分析师倍加推崇。江恩既建立了独特的技术分析方法，也总结了交易之道。本节中，我们就来学习江恩理论。

一、江恩理论概述

威廉·江恩（Willian D.Gann）是期货市场上的传奇人物、20世纪最著名的投资家之一，他在股票和期货市场上的骄人成绩至今无人可比，在其投资生涯中，成功率高达80%~90%，在其53年的投资生涯中共从市场上取得过3.5亿美元的纯利。其成功并不是偶然的，江恩有着独特的操作理念及操作方法，江恩理论有两大核心点，一是纯粹的技术分析理论，二是交易之道。

对于江恩技术分析理论来说，江恩理论认为股票、期货市场里也存在着宇宙中的自然规则，市场的价格运行趋势不是杂乱的，而是可以通过数学方法预测的。基于这一思想，江恩理论通过数学、几何学、宗教、天文学的综合运用，创造性地把时间与价格完美地结合起来，并建立起来一种独特分析方法和测市理论。这些技术理论主要包括时间法则、价格法则、波动法则、回调法则和江恩线等。

对于交易之道来说，江恩依据其征战股票、期货市场的成功经验，总结出了旨在提升投资者心态、指导投资者入市时机的交易准则。

二、时间法则

江恩时间法则也可以称为时间循环法则，江恩理论认为：股市的运行在时间上具有循环特性，较重要的循环周期如下：

（1）短期循环：1 小时、2 小时、4 小时……、18 小时、24 小时、3 周、7 周、13 周、15 周、3 个月、7 个月。

（2）中期循环：1 年、2 年、3 年、5 年、7 年、10 年、13 年、15 年。

（3）长期循环：20 年、30 年、45 年、49 年、60 年、82 或 84 年、90 年、100 年。

江恩认为，10 年是一个重要的时间循环周期，因为 10 年周期可以再现市场的一轮循环。上述长短不同的循环周期之间存在着某种数量上的联系，如倍数关系或平方关系。江恩将这些关系用圆形、正方形、六角形等显示出来，为正确预测股市走势提供了有力的工具。

小提示

江恩的时间循环法则，其理论性较强，对于实盘操作的指导价值相对较弱，我们仅作了解即可。

三、回调法则

回调法则是江恩理论中实盘操作性较强的一种理论，江恩理论指出：50%、

63%、100%是价格总体走势中很有可能出现回调的位置，而50%、63%这一位置是最为重要的位置。江恩认为：不论价格上升或下降，最重要的价位是在50%的位置，在这个位置经常会发生价格的回调，如果在这个价位没有发生回调，那么，在63%的价位上就会出现回调。

所谓的"回调"，相当于道氏理论中的次级走势，在上升趋势中对应于下跌回调走势，在下跌趋势中则对应于反弹上涨走势。

四、波动法则

江恩波动法则也可以称为共振法则，"共振"这一词语来自于物理学，是指两个振动频率相同的物体，当一个发生振动时，引起另一个物体振动的现象，共振会使得物体以最大振幅进行振动。

共振会引发事物的剧烈波动，第一次世界大战时，一队德国士兵在过一座桥时由于步调整齐、节奏一致而引发了共振现象，使得桥梁塌陷，就桥梁的本身负载能力而言，远远大过这队德国士兵的重量，这就是共振的巨大威力。

用共振现象来解释股市大起大落、非理性的走势是江恩理论所提出的一种独特方法，当某些市场因素在时间上交汇在一点时，市场便会产生共振，从而对市场产生向上或向下的巨大作用。江恩认为，股市中大起大落的走势可以看作是市场"共振"的结果，那么，究竟哪些因素交汇在一起会引发共振、共振的方向是上还是下呢？我们可以总结如下：

（1）当长期投资者、中期投资者和短期投资者在同一时间点，进行方向相同的买入或卖出操作时，将产生向上或向下的共振。

（2）当时间周期中的长周期、中周期、短周期交汇到同一个时间点且方向相同时，将产生向上或向下的共振。

（3）当K线系统、均线系统、成交量KDJ指标、MACD指标以及布林线指标等多种技术指标均发出买入或卖出信号时，将引发技术性的共振。

（4）当宏观经济走势、金融政策、财政政策等多种与股市相关的基本面因素趋向一致时，将对股市整体产生向上或向下的共振。

（5）当上市公司的盈利前景、当前业绩、重大投资者事项等多种与个股相关的基本面因素趋向一致时，将对个体产生向上或向下的共振。

（6）当基本面和技术面方向一致时，将产生极大的共振。

五、成功投资者必备的五种素质

技术分析固然重要，但投资者的自身素质也同样不可缺少，江恩认为，成功的交易者应具备以下五种素质：知识、耐性、胆识、健康及资本。

（1）知识：股票市场是一个专业知识较为丰富的领域，没有足够的知识储备，我们就无法解读各种各样的消息，难以准确分析市场的变化，投资者要在实践和书中不断学习，完善自己的知识结构，这样才能更好地了解市场。

（2）耐性：无论是持币观望还是持股待涨，我们都需要有足够的耐性才能正确实施这些操作。当我们预测价格将要上涨时，但这种上涨往往与我们的预测有一个明显的时间差，如果没有好的耐性，除非我们有未卜先知的能力，否则即使判断正确也会错失获利机会。在实盘操作中，我们要准确分析并有足够的耐性来等待机会的出现，真正做到"静如处子，动如脱兔"。

（3）胆识：每一笔交易发生前，我们都不可能有100%的获利把握，但这并不影响我们实施这笔交易，只要预期收益显著地大于预期风险，我们就可以展开操作，此时，我们要有胆识，绝不可畏首畏尾。但胆识并不等于鲁莽，它是建立在我们丰富的知识、精准的判断基础之上的。

（4）健康：拥有健康的体魄、清晰的思路，我们才能应对这个快速变化、纷繁复杂的市场，也才能身手敏捷、把握住每一个属于我们的机会。

（5）资本："巧妇难为无米之炊"，没有足够的本钱，纵有本领，我们也是英雄无用武之地，也不可能在风险投资市场得到丝毫利润。

六、交易之道

交易之道是江恩参与风险投资市场的感悟，它也是江恩驰骋于期货股票市场，屡战屡胜的关键，对于江恩的交易之道，我们将其概述如下，以供读者参考：

（1）如果资金相对较多的话，应将本金分成10份，以此来划定每次交易所承担的风险尺度。这样，每次买卖所承担的风险不应超过资本的1/10。

（2）小心使用止蚀盘，降低每次出货可能招致的损失。

（3）交易不能过于频繁。

（4）保住胜果，避免先盈后亏。例如：在已获利的基础上，如看不准行情的发展方向，就应本着落袋为安的原则，以免因市势反转而导致损失。

（5）趋势不明朗时，宁可持币观望、错失机会，也不可贸然入场，更不可逆市买卖。

（6）犹豫不决，不宜入市。

（7）尽量参与走势活跃的品种，不活跃的品种，不宜沾手。

（8）入市之后不可随意平仓，可利用逐步减仓或止赢价保障纸上利润。

（9）买入品种不可过多，一般来说，两种或三种为佳。品种太少则风险过于集中，品种太多又难以兼顾，且难以控制好仓位。

（10）尽量避免限价买卖，否则可能因小失大。

（11）买卖顺手，累积利润可观的时候，可将部分资金调走，以备不时之需。

（12）只有在看准一波中级行情时，才宜着手买入，不可为蝇头小利而随便入市。

（13）不可以加死码。第一注出现亏损，表示入市错误，如再强行增加持仓数量，谋求拉低成本，可能积小错而成大错。

（14）输多赢少时表明我们的买卖操作不在状态，此时应暂离市场，择机再入。

（15）不能希冀买在起涨前夕，持股后，要有适当的耐性等待股票上涨。

（16）不可贪低而买入，也不可贪高卖出，一切应以趋势的发展势头而定。

（17）在适当时候以金字塔式增加持仓数量。

（18）若重仓买入个股，应设立好止损价位，一旦个股走势与预期相反，则要敢于认错，达到止损价位时应毫不犹豫地卖出以保全本金的安全。

（19）买卖得心应手的时候，不可随意增加仓位或是任意买卖，因为这个时候最易出错。

（20）不可盲目地预测市势的顶或底，应该遵循市场发展。

（21）每次买卖均要经过详细的策划，买卖理由充分，而又不违背既定规则，方可进行。

（22）入市错误或出市错误当然不好，但是，入市正确而出市错误也会减少获利的机会，两者均要避免。

第二篇

学会使用炒股软件

　　无论是对于 K 线走势的解读，还是盘中实时查看股价的变动，抑或是通过委买委卖盘分析多空力量对比，我们都需要从炒股软件中来获取信息。"工欲善其事，必先利其器"，快速地学会并尽量精通炒股软件，将会使我们的能力更进一步。本篇中，我们以大智慧新一代这个功能强大、使用率极高的炒股软件为对象，讲解其基本使用方法、综合操作及实战分析功能。学好这一部分内容，我们就可真正地拥有一件炒股的利器，从而准确地把握市场的脉动。

第六章　大智慧软件基本用法

　　对于新入股市的股民朋友来说，掌握股票软件的使用方法是最基本的要求，本章中，我们从大智慧软件的最基本操作入手，力求从零开始、一点一滴深入，看看如何很好地利用这一软件来查看价格走势图、查看行情报价表、了解上市公司基本资料……

● 软件安装流程解读
● 进入大智慧系统
● 大智慧信息港
● 熟悉界面风格
● 键盘精灵
● 用好"右键"快捷菜单
● 查看上市公司基本资料
● 快速地调出相关指标
● K线图的缩放及平移
● 查看历史分时图
● 开启、关闭信息地雷
● 大智慧快捷键一览

第一节　软件安装流程解读

　　无论是下载大智慧软件或是利用大智慧软件接收动态行情，我们都需要将计算机连到互联网上，这也就是我们平常所说的上网。只有在上网的情况下，我们本章及随后各章的内容才能顺利展开。

我们可以从相关的软件下载站点或是大智慧的官网（http：//www.gw.com.cn/）来下载此软件，大智慧公司推出了两个版本的软件，一个是大智慧 Internet 版，一个是大智慧新一代版。

大智慧 Internet 版只提供了免费行情模式，其功能相对简单，而大智慧新一代版则是大智慧公司近些年来推出的一款重量级软件，它兼容了免费行情与收费行情两种模式，其提供的分析模块、界面组合也更为灵活。收费行情的最大特点就是十档买卖盘显示、主力资金进出力度、更为快速的传输速度以及更为强大的数据分析平台，这些功能比较适用于更专业的投资者及短线进出频繁的投资者。本章中，我们重点介绍大智慧新一代的免费行情。

我们以大智慧官方网站下载为例，看看下载及安装的流程。

（1）首先打开网页浏览器（如：[Internet Explorer]），并在其地址栏中输入大智慧官方网址 http：//www.gw.com.cn/。

（2）在网站中，我们会看到 [免费下载] 这样的图标或字样，单击进入。

（3）打开下载页面后，单击 [下载地址一]   [下载地址二]。

（4）此时会弹出一个下载对话框，如图 6-1 所示，单击"保存"按钮，选择一个本地接收位置（如桌面、C 盘、D 盘），如图 6-2 所示，随后单击"保存"按钮，会弹出下载进度条窗口，如图 6-3 所示，耐心等待进度条走完，即可将此软件下载到本地机器的这一位置上。

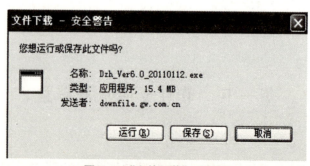

图 6-1 "文件下载"对话框

图 6-2　文件"另存为"窗口

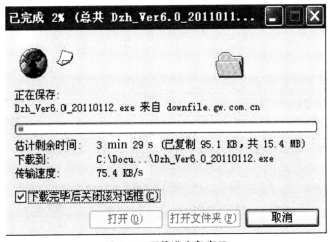

图 6-3　下载进度条窗口

（5）在本地计算机的相应保存位置处用鼠标双击所下载的软件包，即可进入到大智慧新一代安装程序界面，如图 6-4 所示，单击"下一步"按钮。

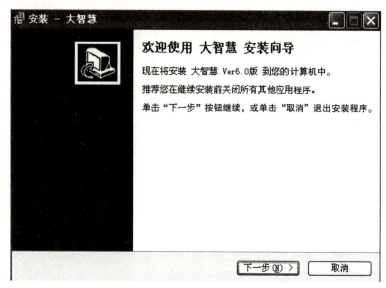

图 6-4　大智慧新一代安装程序界面

（6）此时我们可以选择安装目录（将大智慧软件安装在计算机哪个硬盘区间内），一般来说，只需用其提供的默认地址（C：\Program Files\ 大智慧普通版）即可，再单击"下一步"按钮。安装程序中"选择目录"窗口，如图 6-5 所示。

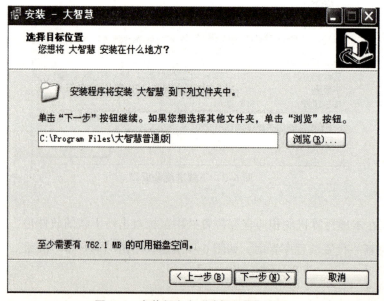

图 6-5　安装程序中"选择目录"窗口

（7）弹出确认安装对话框，如图 6-6 所示，单击"安装"按钮。

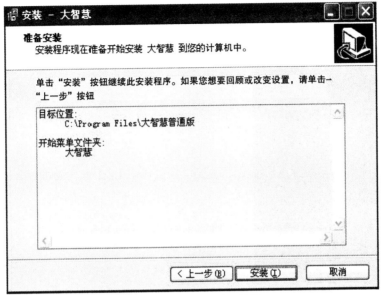

图 6-6　确认"安装"对话框

（8）此时会弹出安装进度条窗口，如图 6-7 所示，耐心等待进度条走完。

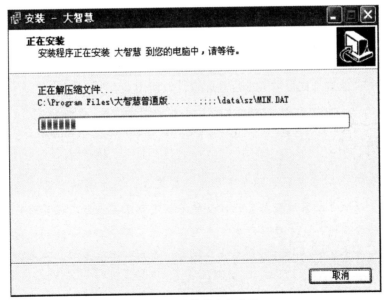

图 6-7　安装进度条窗口

（9）进度条走完后，会弹出安装完成窗口，如图 6-8 所示，单击"完成"按钮即可。

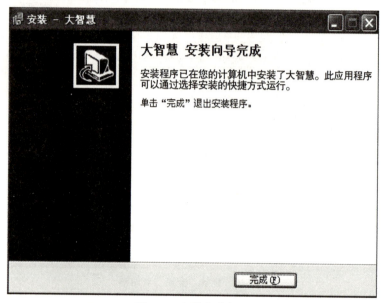

图 6-8　安装完成窗口

（10）此时，我们在桌面上会看到　　　这样一个快捷方式的图标，用鼠标左键双击即可启动此软件。也可以通过"开始"→"程序"→"大智慧新一代"→"大智慧新一代行情"来打开此软件，如图 6-9 所示。

小提示

　　投资者可以从不同的网站来下载这一安装包，但上面的安装过程都是一样的。而且，此软件安装过程与其他软件的安装过程基本一致。投资者在选择其他的软件进行安装时，也是要经过先下载再安装的，即使有不一致的地方，我们也可以依据软件安装时的对话框指示进行操作。它与投资者是一一对应的。

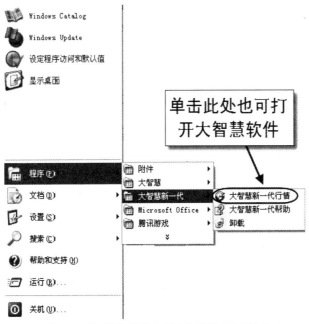

图 6-9　"开始"菜单打开大智慧软件示意图

第二节　进入大智慧系统

　　启动大智慧软件后，会弹出一个进入大智慧系统对话框，如图 6-10 所示，值得注意的是，大智慧新一代集成了免费行情与收费行情两种，收费行情提供了更多的分析模块、更快速的行情数据转输能力，依大智慧官方网站给出的信息，收费行情还包括两个版本，一个是"机构版"，另一个是"主力资金版"，图 6-11 为这两个版本所提供服务对照表。

　　购买收费行情的投资者可以单击图 6-10 中的"收费购买"按钮，并依据提示一步一步来操作完成；对于选择免费行情的投资者来说，只需在图 6-10 中的复选框内选择"免费行情"，再单击"用户登录"按钮即可。

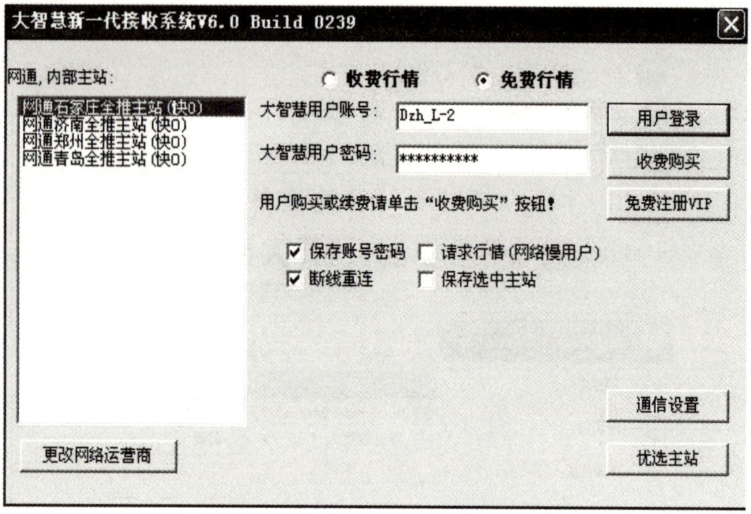

图 6-10　进入大智慧系统对话框

版本 提供的服务	主力资金版	机构版
"超赢1号"股票池		√
"超赢2号"股票池		√
超赢买卖点决策系统		√
SuperView（超赢）数据分析系统（T+0）		√
资讯分析系统	资讯分析系统	深度资讯分析系统
上证 Level2 行情	√	√
DDE 决策（包含上海市场、深圳市场）	√	√
港股行情	延时	实时、专业版功能
全球指数、外汇行情	√	√
商品期货（国内国外）	√	√
主力资金线	√	√
决策系统	选股决策系统	交易决策系统
机构研究报告	√	√
行业、公司评级	√	√
培训系统	分级培训	分级培训

图 6-11　"机构版"与"主力资金版"功能对照表

小提示

在收费服务中，Level2 服务是一大特色。对于很多投资者来说，"Level2"是一个全新的概念，所谓 Level2 就是由上海证券交易所最新推出的实时行情信息收费服务，主要提供在上海证券交易所上市交易的证券产品的实时交易数据。该行情速度比传统行情快 3 秒以上，同时包括十档行情、买卖队列、逐笔成交、总买总卖和统计信息等多种新式数据。

第 三 节　大 智 慧 信 息 港

对于股票新手来说，登录大智慧软件后，往往难以找到入口点来调出我们想要的一些行情信息，如大盘走势、个股涨幅排行榜等，虽然，调出这些行情信息用相应的快捷键更为方便，但这显然与股票新手的认识、学习过程不符，本着循序渐进的原则，我们先从"大智慧信息港"着手。

大智慧信息港是一个快捷的入口界面，它提供了一些常用行情信息的入口点。利用大智慧信息港，我们可以快速地打开大盘走势图、沪市 A 股的报价界面、深市 A 股报价界面、创业板的报价界面……而且，我们不用刻意地记住那些所谓的快捷键。

通过〈E+Enter〉组合键（先按键盘上字母〈E〉键，松开后再按〈Enter〉键）的方法，可以打开大智慧信息港。图 6-12 为大智慧信息港界面，在这一界面下，我们可以看到"1. 大盘分析"、"2. 沪市报价"、"3. 深市报价"、"4. 自选报价"、"5. 创业板"、"6. 智慧排行"、"7. 技术分析"、"8. 条件选股"、"9. 恒生指数"、"10. 全球指数"这 10 种不同行情数据的入门点。此时，通过将鼠标指针移动到相应的位置处，单击即可进入这一行情报价界面。

例如：我们单击大智慧信息港中的"1. 大盘分析"即可以打开上证指数走势图，大盘指数分时图如图 6-13 所示，此时，通过键盘的功能键〈F5〉，我们可以在大盘指数的当日分时图与历史走势图中来回切换，或者在分时图上双击鼠标左键也可以实现两者的来回切换。

如果我们此时想查看别的行情信息的话，那么，只需通过〈E+Enter〉再次返回大智慧信息港即可。

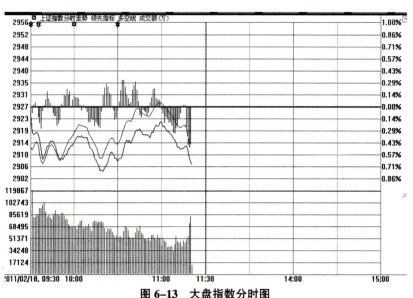

大智慧信息港

1. 大盘分析
2. 沪市报价
3. 深市报价
4. 自选报价
5. 创业板
6. 智慧排行
7. 技术分析
8. 条件选股
9. 恒生指数
10. 全球指数

鼠标移动相应的位置，单击即可进入这一行情报价界面

图6-12　大智慧信息港界面

图6-13　大盘指数分时图

小提示

　　大智慧信息港使股票新手可以快速进入到想看的行情界面中，调出它的方法很简单，就是〈E+Enter〉，它使得新入市的投资者可以快速地调用软件提供的服务，这尤其适用于那些不喜欢记忆烦琐的快捷键、新入市的中老年股民。

第四节　熟悉界面风格

本节要点概览

1. 菜单栏

2. 工作区栏

3. 快捷操作栏

4. 主图、副图、股票信息

5. 界面方案

节前概述

行情信息是不同的，例如：我们可以打开大盘指数的行情信息，也可以打开某一个股的行情信息，但显示界面却是一致的。不同的软件有不同的显示风格，一种好的显示界面，有助于降低我们的视觉疲劳，也更容易让软件快速上手。就这一点来说，笔者认为大智慧做得不错，下面我们就来熟悉一下大智慧的界面风格。

一、菜单栏

系统功能菜单栏也称为菜单栏，它位于大智慧软件界面的最上方，它由"文件"、"查看"、"分析"、"决策"、"公式"、"工具"、"窗口"、"帮助"以及"委托"等功能菜单构成。每一个功能菜单都提供了若干功能。图 6-14 为大智慧菜单栏示意图。

文件(F)　查看(V)　分析(A)　决策(L)　公式(U)　工具(T)　窗口(W)　帮助(H)　委托

图 6-14　大智慧菜单栏示意图

二、工作区栏

工作区栏的主要作用是提供了各种不同行情的入口点，勾选菜单栏中的"查看"→"工作区栏"即可在软件界面中显示这一栏，这一栏位于系统菜单栏的下方。图 6-15 为工作区栏示意图。

图 6-15　工作区栏示意图

大智慧软件不仅提供了股票市场的行情，它还提供股指期货、商品期货、基金、债券和港股等不同市场的行情，通过工作区栏，我们可以快速地打开相应的市场行情。

此外，大智慧新一代还支持用户新建和自定义"工作区"，通过菜单栏中的"文件"→"新建工作区"我们可以新建自己的工作区。

三、快捷操作栏

在进入个股或大盘的 K 线图、分时图后，在工作区栏的下方，还会看到一个栏，这一栏提供了较为丰富的快捷操作按钮，利用这一栏，我们可以快速地设定价格走势图的时间周期、选择股票、设置界面显示方案、查看 F10 资料、进行图形叠加和选择技术指标等，图 6-16 为快捷操作栏示意图。

图 6-16　快捷操作栏示意图

四、主图、副图、股票信息

在指数或个股的走势图中，有"主图"与"副图"之分，所谓的主图，就是指 K 线界面中的纯粹的 K 线走势图，或是分时图界面中的纯粹的分时线走势图；所谓的副图是指在主图下方的技术指标、成交量等图形。图 6-17 和图 6-18 标识的分别为 K 线图中的主图与副图示意图和分时图中的主图与副图示意图。

股票信息窗口主要由"买盘卖盘窗口"、"当日盘口统计数据窗口"、"分时成交窗口"这三个子窗口构成，在分时成交窗口下方有一个子窗口选择栏，投资者可以通过选择来切换到其他的子窗口。

在每个界面下，主图都是唯一的，但副图的数量则是可以选择的，通过菜单

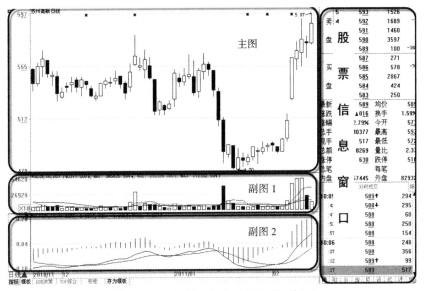

图 6-17　K 线图中的主图与副图示意图

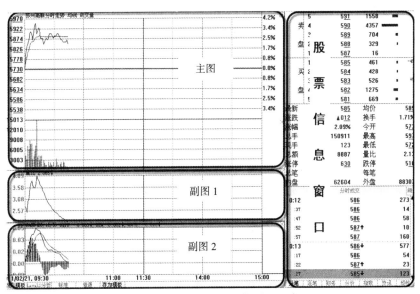

图 6-18　分时图中的主图与副图示意图

栏中的"画面"→"画面组合"，我们可以设定副图的数量，"画面组合"示意图
如图 6-19 所示。

图6-19 "画面组合"示意图

五、界面方案

所谓的界面方案就是指全部窗口在一张画布上的组合方式。大智慧新一代提供了多种可供选择的界面方案，通过单击快捷操作栏最左侧的按钮，可以切换不同的界面显示方案。此外，也可以通过单击这一按钮右侧的小箭头并单击"自定义方案"按钮，来自行设定界面显示方案。图6-20为大智慧"Level2综合看盘"界面。

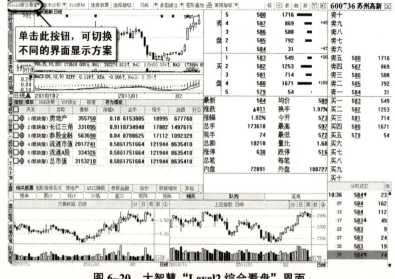

图6-20 大智慧"Level2综合看盘"界面

第五节　键盘精灵

本节要点概览

1. 调出个股走势图

2. 调出大盘走势图

3. 进入动态行情报价界面

节前概述

键盘精灵无疑是我们调出各种行情信息的最为快捷、最为常用的方式，本节中，我们就来看看如何利用键盘精灵快速地调出个股走势图、大盘走势图以及动态行情报价表。

一、调出个股走势图

在进入大智慧软件后，通过在键盘上键入股票代码或股票名称的首字母即可弹出键盘精灵窗口，而且在键盘精灵窗口上会以列表的方式显示出与我们输入相符的股票，此时，通过键盘上的"上、下"方向键选择相应的股票后按〈Enter〉键即可打开此股的走势图。

例如：我们在键盘上键入中国建筑（601668）的股票代码"601668"后，如图 6-21 所示，再按〈Enter〉键，即可进入此股的走势图，或是键入"中国建筑"这一股票名称的首字母"ZGJZ"，如图 6-22 所示，按〈Enter〉键，也同样可以打开它的走势图。

小提示

通过在股票走势图中双击鼠标左键，或者是按键盘上的功能键〈F5〉，或者是利用快捷操作条，我们可以在股票分时图与 K 线图之间来回切换。

图 6-21

图 6-22

二、调出大盘走势图

对于大盘走势来说，我们主要关注上证指数走势及深证成指走势，此时，我们可以通过快捷键的方式快速地调出这两个走势图，在键盘上键入数字"03"并按〈Enter〉键可以进入上证指数走势图，如图 6-23 所示；在键盘上键入数字"04"并按〈Enter〉键可以进入深证成指走势图，如图 6-24 所示。

图 6-23 上证指数走势图　　　　**图 6-24 深证成指走势图**

除此之外，我们还可以通过键盘上的功能键〈F3〉调出上证指数的走势图，通过键盘上的功能键〈F4〉调出深证成指的走势图。

小提示

通过在大盘走势图中双击鼠标左键，或者是按键盘上的功能键〈F5〉，或者是利用快捷操作条，我们可以在大盘分时图与 K 线图之间来回切换。

三、进入动态行情报价界面

动态报价界面也称为动态显示牌窗口，它实时地显示了上证或深证的全部个股的动态行情并对其进行排列。大智慧新一代的动态显示牌窗口则最大限度延展了动态显示牌的显示范围，实现了多页显示、多数据自由列表的功能。

通过键入数字快捷键〈60〉可以进入全部 A 股涨幅排行榜，即全部 A 股的动态报价界面，如图 6-25 所示；键入数字快捷键〈61〉可以进入上证 A 股涨幅排行榜，即上证 A 股的动态报价界面，如图 6-26 所示；键入数字快捷键〈63〉可以进入深证 A 股涨幅排行榜，即深证 A 股的动态报价界面，如图 6-27 所示。

图 6-25　全部 A 股的动态报价界面　　　　图 6-26　上证 A 股的动态报价界面

图 6-27　深证 A 股的动态报价界面

图 6-28 为上证 A 股的涨幅排行榜（动态报价表示意图），如图所示，这一动态报价界面，我们可以通过单击任意选项卡（如代码、最新、涨幅等）即可按此关键字对当前表格内全体股票进行排序。另外，用户对这一排行榜中的某只股票通过双击鼠标左键的方式，可直接进入该股的走势图界面。

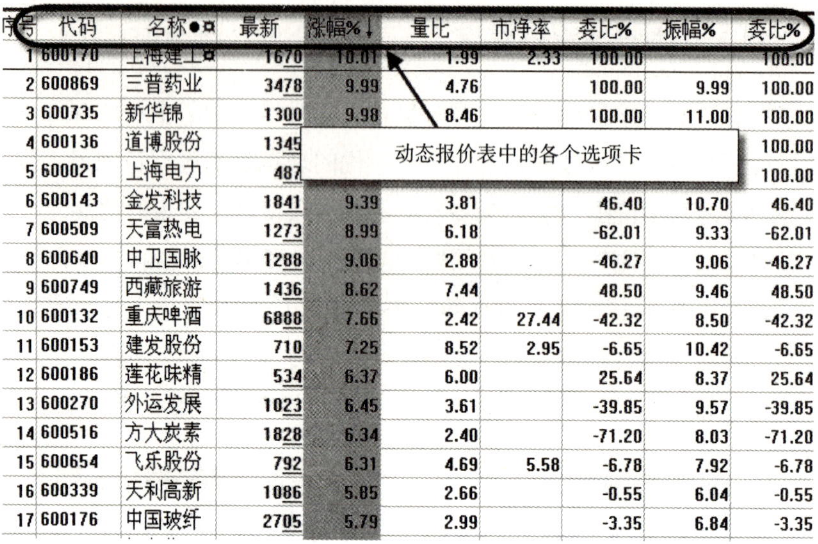

序号	代码	名称●¤	最新	涨幅%↓	量比	市净率	委比%	振幅%	委比%
1	600170	上海建工¤	1670	10.01	1.99	2.33	100.00		100.00
2	600869	三普药业	3478	9.99	4.76		100.00	9.99	100.00
3	600735	新华锦	1300	9.98	8.46		100.00	11.00	100.00
4	600136	道博股份	1345						100.00
5	600021	上海电力	487						100.00
6	600143	金发科技	1841	9.39	3.81		46.40	10.70	46.40
7	600509	天富热电	1273	8.99	6.18		-62.01	9.33	-62.01
8	600640	中卫国脉	1288	9.06	2.88		-46.27	9.06	-46.27
9	600749	西藏旅游	1436	8.62	7.44		48.50	9.46	48.50
10	600132	重庆啤酒	6888	7.66	2.42	27.44	-42.32	8.50	-42.32
11	600153	建发股份	710	7.25	8.52	2.95	-6.65	10.42	-6.65
12	600186	莲花味精	534	6.37	6.00		25.64	8.37	25.64
13	600270	外运发展	1023	6.45	3.61		-39.85	9.57	-39.85
14	600516	方大炭素	1828	6.34	2.40		-71.20	8.03	-71.20
15	600654	飞乐股份	792	6.31	4.69	5.58	-6.78	7.92	-6.78
16	600339	天利高新	1086	5.85	2.66		-0.55	6.04	-0.55
17	600176	中国玻纤	2705	5.79	2.99		-3.35	6.84	-3.35

动态报价表中的各个选项卡

图6-28 上证A股涨幅排行榜（动态报价表）示意图

第六节 用好"右键"快捷菜单

本节要点概览

1. 加入自选股

2. 所属板块

3. 新增闪电预警

节前概述

大盘或个股走势图中的主图与副图窗口中，如果我们单击鼠标右键，就会弹出一个快捷菜单，它的功能是丰富的，可以方便地使我们完成相关的操作任务，本节中，我们就结合实盘操作来看看它的常用功能。

一、加入自选股

我们在查看个股走势图的时候，除了查看，往往还要将一些价格形态、量能形态和指标形态等较为特殊的个股挑出来，这时，可以用到自选股的功能。

在个股的 K 线图或分时图的主图窗口，单击鼠标右键，此时，会在快捷菜单中看到一个"加入自选股"的选项，如图 6-29 所示，鼠标左键单击此选项，会弹出一个"加入到板块"的对话框，如图 6-30 所示，此时，我们可以新建一个自选股分类，也可以将此股加入到已有自选股分类中。

图 6-29 "加入自选股"选项

图 6-30 "加入到板块"的对话框

二、所属板块

在主图窗口中，通过鼠标右键快捷菜单中的"所属板块"，如图 6-31 所示，会弹出一个"板块对比分析"对话框，如图 6-32 所示，我们可以在此查看到此股隶属于哪一个板块。

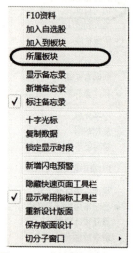

图 6-31 "所属板块"选项

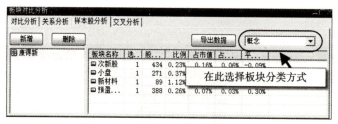

图 6-32 "板块对比分析"对话框

三、新增闪电预警

如果某只个股是我们当日盘中重点监控的个股，则此时我们可以利用闪电预警功能。通过在主图中单击鼠标右键，在这个功能快捷菜单中，利用"新增闪电预警"可以打开如图 6-33 所示的对话框，在这里，我们可以设定股价、涨幅、换手率等预警条件，还可以设定警报显示方式。设定之后，如果个股在盘口运行中满足了我们所设的预警条件，则软件就会自动发出警报。

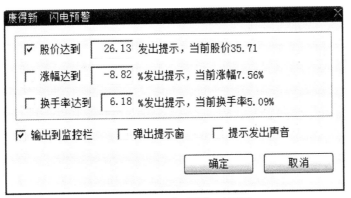

图 6-33 "闪电预警"对话框

小提示

鼠标右键同样适用于其副图，副图一般是指标窗口，对于副图中呼出的鼠标右键，我们会在后面的章节进行讲解。

第七节　查看上市公司基本资料

本节要点概览

1. 进入 F10 资料区

2. 操盘必读

3. 财务透视与最新季报

4. 股东进出

5. 股本分红

节前概述

上市公司基本资料也称为 F10 资料，它提供了关于上市公司财务指标、主营业务、最新消息、股东进出、公司概括和管理层等各方的信息。在打开个股走势图后，我们有三种方式可以进入 F10 资料区。

一、进入 F10 资料区

第一种方式是通过快捷操作栏中的"F10 资料"按钮，如图 6-34 所示；第二种方式是通过在个股走势图中的主图窗口通过鼠标右键所弹出的菜单中的"F10 资料"，如图 6-35 所示；第三种方式是通过键盘上的〈F10〉功能键。

图 6-34　快捷操作栏中"F10 资料"按钮

图 6-35　鼠标右键快捷菜单中的"F10 资料"按钮

图 6-36 为打开的滨化股份（601678）的 F10 资料区，在这里，我们可以看到"操盘必读"、"最新季报"、"财务透视"、"股东进出"等选项卡，单击相应的选项卡即可查看相关资料。下面我们就简要地了解一下其中几个选项卡的内容。

滨化股份	操盘必读	财务透视	主营构成	行业新闻	大事提醒	八面来风	公司概况	管理层
601678	最新季报	股东进出	股本分红	资本运作	行业地位	信息快讯	回顾展望	盈利预测

图 6-36　滨化股份（601678）的 F10 资料区

二、操盘必读

在"操盘必读"下，我们可以看到此股的一些重要财务数据、股本数据及最新消息、此股的概念题材等较为重要的基本资料，图 6-37 为滨化股份 2011 年 2月的"操盘必读"截图。

◆ 最新指标（10末期）◆　◇万国测评制作:更新时间:2011-02-18

每股收益　　（元):0.8000	目前流通（万股)　:11000.00
每股净资产　（元):7.0400	总　股　本（万股)　:44000.00
每股公积金　（元):4.5710	主营收入同比增长(%):30.78
每股未分配利润(元):1.3205	净利润同比增长(%)　:26.44
每股经营现金流(元):0.5200	净资产收益率(%)　　:12.97

2010三季每股收益(元):0.5200	净利润同比增长(%)　:--
2010三季主营收入(万元):253549.14	主营收入同比增长(%)　:--
2010三季每股经营现金流(元):0.5400	净资产收益率(%)　　:8.89

分配预案:10转5派1
最近除权:无　股东大会日期:2011-02-22
预计10年年报公布日期：2011-01-24
☆曾用名:滨化股份
★提　示:2011-02-23可上市流通3300.00万股,类型:首发原股东限售股份
☆大智慧金融交易终端提供深度资讯分析、SuperView(超赢)数据分析,
　网上购买http://pay.gw.com.cn,热线021-20219999

◆ 最新消息 ◆
　　(1)2011年2月17日公告,本次解禁的限售股份总数为3300万股,占公司总

图 6-37　滨化股份 2011 年 2 月的"操盘必读"截图

三、财务透视与最新季报

财务透视与最新季报提供此股最新及近期的财务数据，如果我们对财务方面的指标、数据等较为了解，则可借助此信息来了解上市公司的经营情况，"财务透视"截图如图 6-38 所示。

四、股东进出

"股东进出"提供了此股前十大股东、前十大流通股东的一些信息，通过前十大股东信息，我们可以了解上市公司的大股东是谁，通过前十大流通股东信息，我们则可进一步了解控盘此股的主力资金，"股东进出"截图如图 6-39 所示。

主要财务指标	2010末期	2010三季	2010中期	2010一季
基本每股收益 （元）	0.8000	0.5200	0.3859	0.2248
基本每股收益(扣除后)	0.7900	0.5200	0.3850	0.2239
摊薄每股收益(元)	0.7665	0.4914	0.3537	0.1874
每股净资产(元)	7.0400	6.7600	6.6200	6.4600
每股未分配利润(元)	1.3205	1.0772	0.9396	0.7732
每股公积金(元)	4.5710	4.5710	4.5705	4.5699
销售毛利率(%)	21.87	20.32	20.73	20.26
营业利润率(%)	12.91	11.65	12.27	12.06
净利润率(%)	9.44	8.53	9.18	9.66
加权净资产收益率(%)	12.97	8.89	7.13	5.51

图 6-38 "财务透视"截图

前十名无限售条件股东 名 称	股东人数:23217 持股数(万股)	占流通股	截止日期:2010-12-31 增减情况	股本性质
1.万家和谐增长混合型证券投资基金	280.00	2.55%	112.01	流通A股
2.宝盈泛沿海区域增长股票证券投资 基金	185.17	1.68%	未变	流通A股
3.何厚	183.54	1.67%	-14.50	流通A股
4.中邮核心优势灵活配置混合型证券 投资基金	177.80	1.62%	新进	流通A股
5.大亚湾核电财务有限责任公司	163.35	1.48%	-51.65	流通A股
6.昆仑信托有限责任公司-昆仑一号	154.84	1.41%	新进	流通A股
7.东海证券-交行-东风5号集合资产 管理计划	131.90	1.20%	新进	流通A股
8.国都证券有限责任公司	117.34	1.07%	-152.00	流通A股
9.霍萌	101.00	0.92%	-25.86	流通A股
10.云南金晨投资有限公司	72.38	0.66%	新进	流通A股
总 计	1567.32	14.25%		

图 6-39 "股东进出"截图

五、股本分红

"股本分红"中有关于此股的股本结构、股本变动和分红扩股等信息，"股本分红"截图如图 6-40 所示。

一、股本结构　　　　　　◇万国测评制作:更新时间:2011-02-17

指标(单位:万股)	2011-02-23	2010末期	2010中期	2009末期
股份总数	44000.00	44000.00	44000.00	33000.00
无限售股份合计	14300.00	11000.00	11000.00	--
A股	14300.00	11000.00	11000.00	--
限售股份合计	29700.00	33000.00	33000.00	33000.00
国家持股	--	3300.00	3300.00	3300.00
境内法人持股	7111.50	7111.50	7111.50	7111.50
境内自然人持股	22588.50	22588.50	22588.50	22588.50

图 6-40　"股本分红"截图

小提示

对于其他选项卡的内容，读者可以在进入大智慧系统后自行查看，这些内容都是很简单的，但这些内容对我们全面了解个股却是帮助极大的。

第八节　快速地调出相关指标

本节要点概览

1. 右键快捷菜单中实现切换

2. 键盘精灵实现切换

节前概述

技术指标无疑是最为重要的一种分析工具，不同的指标有不同的功用，不同的投资者也偏爱不同的指标，在股票行情软件中快速地调出指标就显得极为重要。大多数的指标都是显示在副图窗口中的，但也有一些指标是显示在主图窗口中的，本节中，我们就来看看如何快速地调出指标。

一、右键快捷菜单中实现切换

每一个副图显示一种技术指标，如果我们想将当前副图中的指标进行切换的话，可以将鼠标移动至显示指标的副图窗口，单击鼠标右键，此时会弹出一个快捷菜单，如果"常用指标"中有我们所要切换的指标，则选中即可。除此之外，在副图窗口的下方还有一个常用指标快速切换栏，如图箭头标注所示，这一栏也可以实现一些指标的快速切换。

右键快捷菜单切换指标方法示意图如图 6-41 所示。

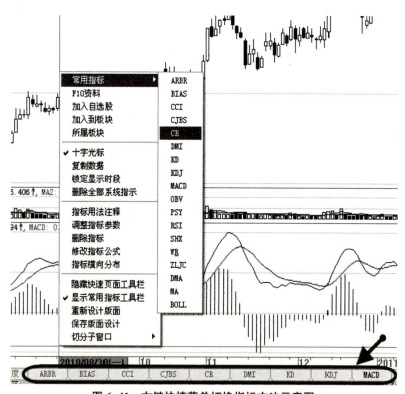

图 6-41　右键快捷菜单切换指标方法示意图

二、键盘精灵实现切换

键盘精灵切换指标方法示意图如图 6-42 所示，首先，我们用鼠标左键单击副图窗口左侧以选中这一副图窗口，随后，在键盘上直接输入技术指标的英文标识或是技术指标中文名称的首字母，会看到相应的键盘精灵窗口，按〈Enter〉键即可实现切换。在图 6-43 中，我们将其切换到随机指标 KDJ。

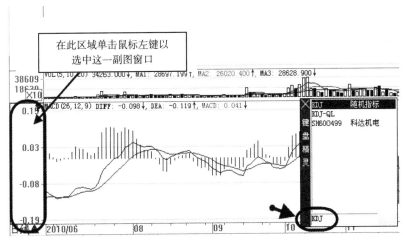

图 6-42　键盘精灵切换指标方法示意图

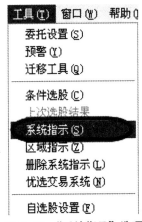

图 6-43　"系统指示"选项

利用这一方法切换，我们需要知道技术指标的名称或英文标识，如果我们不清楚指标名称，或是叫不准指标名称，该如何输入呢？

这时，我们可以进入系统提示对话框，通过系统菜单栏中的"工具"→"系统指标"进入，如图 6-44 所示，在这一对话框中，分门别类地列出了全部指标，我们可以在此查看相关指标的中英文名称。

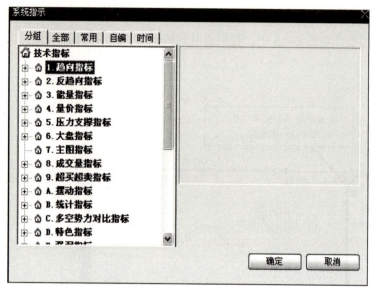

图 6-44　"系统指示"对话框

第九节　K线图的缩放及平移

在K线图中，我们可以通过小键盘区的"上、下"两个方向键来放大或缩小K线图的显示范围，通过"左、右"方向键则可以弹出一个十字光标。

此外，我们还可以在保持其显示时间范围大小不变的情况下对K线图进行左右平移操作，平移K线图主要有两种方法：

一是单击快捷操作栏中的"移"按钮，如图6-45所示，此时，在K线图上会出现一个手形的图标，按住鼠标左键进行左右平移即可，再次单击快捷操作栏中的"移"字按钮则可关闭此功能。

图 6-45　平移K线图方法一

　　二是将鼠标移动到界面下方的时间横轴栏内时，会看到一个双向箭头，如图6-46 所示，此时，按住鼠标左键并在这一栏内左右拖动即可。

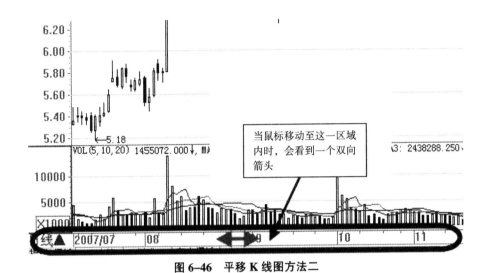

图 6-46　平移 K 线图方法二

第十节　查看历史分时图

　　在大智慧软件中，当我们查看大盘或个股在历史上某个交易日的分时图时，将大盘或个股切换至日 K 线走势图界面下，通过小键盘区的"左、右"方向键可以弹出一个十字光标，用鼠标或键盘上的"左、右"方向键将十字光标移动到要查看分时图的那一日，再单击键盘上的空格键，即可看到此股当日的分时走势图。图 6-47 为中国石油 2010 年 12 月 22 日分时图。

图 6-47　中国石油 2010 年 12 月 22 日分时图

第十一节　开启、关闭信息地雷

　　大盘或个股在每个交易日所发布的信息是以信息地雷的方式显示的，通过单击菜单栏中的"查看"→"信息地雷"，可以打开信息地雷设置对话框，如图 6-48 所示，在这一对话框中，我们可以进行相应的设置。

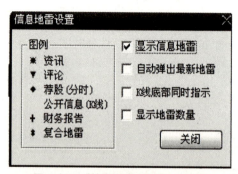

图 6-48　"信息地雷设置"对话框

在默认状态下，当我们复选了"显示信息地雷"一项后，在个股的 K 线走势图上方就会看到信息地雷了，图 6-49 为显示信息地雷的 K 线图，此外，在信息地雷的最左侧有一个红色的小太阳图标，单击此图标，可以快速地开启或关闭信息地雷，用鼠标双击此图标则可以打开如图 6-48 所示的信息地雷设置窗口。

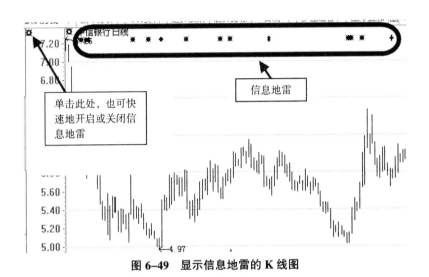

图 6-49　显示信息地雷的 K 线图

第十二节　大智慧快捷键一览

【F3】上证领先

【F4】深证领先

【F10】显示股票的基本资料

【F12】自助委托

【Alt+H】当前帮助

【Alt+Q】退出大智慧

【Alt+X】自选设定

【Alt+Z】添加自选

【Alt+F2】板块监测

【Alt+F7】条件选股

【Ctrl+O】系统选项

【Ctrl+A】预警系统

【Ctrl+B】板块分析

【Ctrl+F】公式管理

【Ctrl+J】计算器

【Ctrl+PgDn】启动/停止自动换页

【Ctrl+Z】投资管理器

【Ctrl+W】关注股票

【Ctrl+F6】指标排序

【Ctrl+F7】系统测试平台

【Ctrl+F8】数据管理

【1+Enter】上证 A 股行情

【2+Enter】上证 B 股行情

【3+Enter】深证 A 股行情

【4+Enter】深证 B 股行情

【5+Enter】上证国债行情

【6+Enter】深证国债行情

【7+Enter】上证基金行情

【8+Enter】深证基金行情

【9+Enter】中小板块行情

【10+Enter】个股概况（个股 F10）

【11+Enter】涨幅排行

【12+Enter】震幅排行

【13+Enter】成交量排行

【14+Enter】现手排行

【15+Enter】量比排行

【16+Enter】资金流向排行

【17+Enter】委比排行

【18+Enter】换手率排行

【19+Enter】市盈率排行

【20+Enter】股价排行

【21+Enter】总市值排行

【22+Enter】流通市值排行

【23+Enter】信息地雷排行

【30+Enter】板块指数行情

【31+Enter】 板块指数涨幅排名

【41+Enter】开放式基金行情

【42+Enter】LOF 基金行情

【43+Enter】ETF 基金行情

【51……58+Enter】切换至自选板块（1~8）

【59+Enter】实时解盘

【60+Enter】全部 A 股涨幅排名

【61+Enter】上证 A 股涨幅排行

【62+Enter】上证 B 股涨幅排行

【63+Enter】深证 A 股涨幅排行

【64+Enter】深证 B 股涨幅排行

【65+Enter】上证国债涨幅排行

【66+Enter】深证国债涨幅排行

【69+Enter】中小板块涨幅排行

【70+Enter】荐股擂台

【71+Enter】上交所公告

【72+Enter】深交所公告

【74+Enter】财经新闻

【79+Enter】高手追踪

【80+Enter】全部 A 股综合排名

【81+ENTER】上证 A 股综合排名

【82+ENTER】上证 B 股综合排名

【83+ENTER】深证 A 股综合排名

【84+ENTER】深证 B 股综合排名

【85+ENTER】上证国债综合排名

【86+ENTER】深证国债综合排名

【89+ENTER】中小板块综合排名

【061……068+ENTER】自选股 1~8

【000+ENTER】关注股票

【777+ENTER】路演平台

【888】智慧投票箱

走势 K 线图快捷键：

【F1】个股成交明细表

【F2】个股分价表

【F5】实时走势图/K 线分析图切换

【F6】查看【自选一】个股

【F7】K 线画面下指标参数设定

【F8】分析周期切换

【F9】K 线画面下画线工具

【Alt+D】除权标记

【Alt+I】信息地雷标记

【Alt+M】最高/最低标记

【Alt+F5】静态分析

【Alt+1】只显示主图

【Alt+2】显示主图和一个副图

【Alt+3】显示主图和两个副图

【Alt+4】显示主图和三个副图

【Alt+5】显示主图和四个副图

【Alt+6】显示主图和五个副图

【Alt+←】历史回忆日期前移

【Alt+→】历史回忆日期后移

【Ctrl+D】清除画线

【Ctrl+K】模拟 K 线

【Ctrl+Q】移动成本分布

【Ctrl+I】显示/不显示股票交易信息栏

【Ctrl+X】画线工具

【Crtl+M】启动/停止多图组合

【Ctrl+N】普通坐标

【Ctrl+P】百分比坐标

【Ctrl+L】对数坐标

【Ctrl+R】向前复权

【Ctrl+T】向后复权

【Ctrl+F4】关闭图形分析窗

【Ctrl+F5】 系统指示

【Ctrl+F10】备忘录

【SHIFT+Page up/down】在 F10 中翻股票

【0+ENTER】TICK 图

【1】1 分钟线

【2】5 分钟线

【3】15 分钟线

【4】30 分钟线

【5】60 分钟线

【6】日线

【7】周线

【8】月线

【9】多日线

【11】季线

【12】半年线

【13】年线

【→】与【←】启动并左右移动十字光标

【↑】与【↓】多日分时走势

【/】与【＊】活动副图的内容在常用指标间切换

【+】图形分析窗中小窗内容在成交明细、分价表、大盘分时线、个股分时线
等间切换

行情列表窗口快捷键：

【F5】在分析画面下，实现在分时线、日线间切换；动态显示牌下，实现不同页面间切换

【Ctrl+ENTER】打开新窗口

【F8】动态显示牌窗口中，在不同类型的股票间切换；图形分析窗口中，在不同分析周期间切换

【11+Enter】涨幅排行

【12+Enter】震幅排行

【13+Enter】成交量排行

【14+Enter】现手排行

【15+Enter】量比排行

【16+Enter】资金流向排行

【17+Enter】委比排行

【18+Enter】换手率排行

【19+Enter】市盈率排行

【20+Enter】股价排行

【21+Enter】总市值排行

【22+Enter】流通市值排行

第七章　大智慧软件综合操作指南

智慧软件提供了丰富的功能选项，这些功能有关于数据管理的，有关于系统参数设定的，也有帮助用户更好获取实时信息的。本节中，我们就来讲解这些对投资者操作有重要帮助的功能部件。

- 设置委托
- 数据管理
- 扩展数据管理
- 数据浏览器
- 下载数据
- 丰富的选项设置
- 盘中获取实时信息

第一节　设置委托

委托软件是我们买卖股票的交易平台，它由券商提供，投资者可以到所开户券商的官方网站下载并安装这一软件。在每日的盘中，当我们要进行交易时，需登录委托软件来挂单买卖。为了更快速、更方便地调用委托软件，我们可以在大智慧中来设置委托。

图 7-1，通过菜单栏中的"工具"→"委托设置"，来打开自助委托设置对话框，如图 7-2 所示，单击这一对话框中的左侧空白栏，本例中我们选择了序号为 2 的空白栏，再在右侧单击"添加委托"按钮，会弹出如图 7-3 所示的对话框。

图 7-1

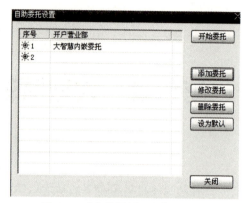

图 7-2 "自助委托设置"对话框

此时，会打开"委托路径设置"对话框，在这一对话框中，在"委托营业部（券商）"右侧输入我们开户的证券公司名，本例中，我们设置的为"海通证券"，单击"查找"按钮，找到本地计算机中委托软件的安装位置，如图 7-3 所示。

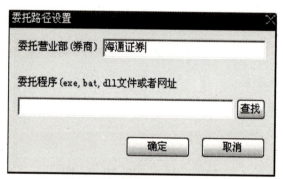

图 7-3 "委托路径设置"对话框

在图 7-4 的对话框中，选择委托软件的启动程序，并单击"打开"按钮，即可选中此委托软件。随后会再度返回至委托路径设置窗口，如图 7-5 所示，如果投资者不清楚委托软件安装在计算机的哪个位置处，则也可以在此处选择桌面位置上的委托软件快捷图标，这一快捷图标指向的就是这一委托软件的真实位置。

在图 7-5 中单击"确定"按钮完成委托设置，此时，会返回到如图 7-6 所示的自助委托设置窗口，在对话框左侧选中我们刚才所添加的委托，在右侧单击"设为默认"按钮。

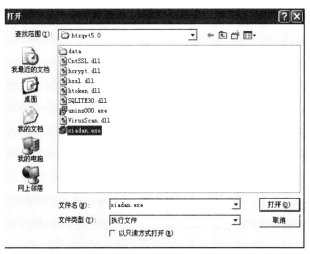

图 7-4　"选择委托软件"对话框

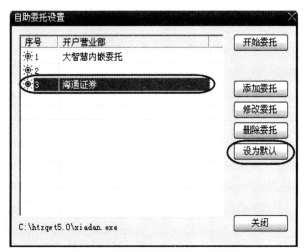

图 7-5　"委托路径设置"对话框 2

图 7-6　"自助委托设置"对话框

在此之后，我们要进入委托软件，不必再利用桌面上的委托软件快捷图标，或是通过"开始→程序"的方法来打开它，只需单击菜单栏最右侧的红色"委托"字样，即可快速地调用这一交易软件。

第二节　数据管理

本节要点概览

1. 收盘清盘

2. 代码对照表

3. 生成数据

4. 安装数据

5. 财务数据

6. 数据整理

节前概述

股市每个交易日都会产生大量的行情数据，如何管理好这些数据，就成为我们使用软件的一项重要工作。大智慧的数据管理主要包括：数据管理、扩展数据管理、自定义数据管理、数据浏览器和下载数据这五个功能模块。本节中，我们先来看看"数据管理"模块。

一、收盘清盘

通过菜单栏中的"工具"选项，如图7-7所示，我们可以进入数据管理、扩展数据管理、自定义数据管理、数据浏览器和下载数据这五个管理数据的模块。

首先我们来看看"数据管理"模块，图7-8为"数据管理"对话框，数据管理功能是大智慧处理数据、接收数据的重要途径。在数据管理器中，有以下几个功能选项卡：收盘清盘、代码对照表、生成数据、安装数据、财务数据和数据整理。

图 7-7　菜单栏中的"工具"选项

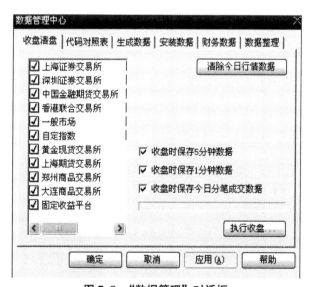

图 7-8　"数据管理"对话框

"收盘清盘"选项卡作用是执行收盘，将当日的分笔成交、分钟线、日线等行情信息存入数据库。通过对话框左侧及右侧的复选框，我们可以执行不同交易市场、针对不同的行情数据进行收盘操作，如果某天没有正常做收盘作业，之后分时图、分钟线和日线可以通过下载数据的方式补齐，但是分笔成交不提供历史数据下载。

一般来说，每个交易日结束后，软件在 10 分钟或 20 分钟内自动执行收盘操作，如果不自动执行收盘的话，则可在此对话框中通过单击"执行收盘"按钮即可。每个交易日都执行收盘，无疑显得很麻烦，我们可以设置自动收盘。

小提示

在图 7-8 的对话框中"执行收盘"时，还会计算用户的扩展数据和自定义数据并自动写盘保存。

二、代码对照表

"代码对照表"选项卡的作用是维护股票名称与其代码，一般来说，投资者不需要自行设置。

三、生成数据

"生成数据"选项卡的作用是将系统中存在的数据复制到一个单独的文件中，供其第三方使用。图 7-9 为"生成数据"选项卡对话框。在这一对话框中，我们可设置输出数据文件的路径、文件名，设置所生成哪一时间段的数据（复选"数

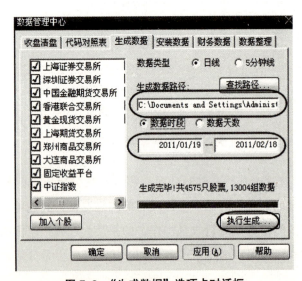

图 7-9 "生成数据"选项卡对话框

据时段按钮"），最后，单击"执行生成"按钮即可完成操作。

四、安装数据

"安装数据"选项卡可以将上一步所生成的数据文件（多为其他大智慧用户所生成的）复制到用户自己的系统中。如果用户的系统中缺少某一段时间的数据，可以通过此方法来补足历史数据。

五、财务数据

"财务数据"选项卡可以处理个股的除权资料与财务数据。对于普通投资者来说，一般用不到此选项卡。

六、数据整理

"数据整理"可以对接收到的有问题的数据进行修正，图 7-10 为"数据整理"选项卡界面，通过复选相应的整理条件（如时间错位、价格小于等于 0……）及所要删除的行情数据（如日线数据、5 分钟线数据……），然后单击"执行清理"按钮即可。

图 7-10　"数据整理"选项卡界面

小提示

严重的数据错误可能导致行情无法正常接收或软件无法启动，这时我们可以删除大智慧安装目录下的 drvdata 文件夹，这一文件夹存放的是接收引擎临时接收的数据记录。如果仍然不能解决问题，就要删除大智慧安装目录下的 data 文件夹，这里存放的是全部历史数据，在删除此文件夹后，我们应重新下载全部历史数据。

第三节 扩展数据管理

每个交易日都会产生大量的行情数据，但由于考虑到用户硬盘的存储容量，从实用性的角度出发，除了一些常用的行情数据外，当日所产生的大量动态行情数据（如分笔成交、内外盘等分时数据）会在下一交易日开盘之前的系统初始化之后予以清除，此时，利用"扩展数据管理"功能模块，我们就可以通过"数据管理"对话框中的"执行收盘"成功地把这些数据保存下来。

扩展数据就是将任意技术指标的数值同日线数据一同保存。该技术指标可以工作在任意分析周期上。图 7-11 为打开的"扩展数据设置"对话框，第一次打开此对话框时，第一次使用扩展数据管理器时，每一组都是空的，此时，我们可以单击一组选中它，然后直接用鼠标双击它，或是单击"修改"按钮。

随后，会弹出一个"扩展数据属性"对话框。如图 7-12 所示，在此对话框中，我们可以设置数据名称以标识这一数据。在此对话框中，可以选择一个指标公式、计算参数和分析周期，系统将按公式规定的算法，根据系统内部保存的所有的原始数据，包括历史回忆中存储的分笔成交数据，来计算扩展数据。

在图 7-12 的对话框中，除了选择相应的指标、计算周期外，还有两个复选框是值得我们注意的，这就是"默认数值"及"生成横向排名数据"。"默认数值"会将没有计算出扩展数据的某一交易日，以此处设定的默认数值来保存到扩展数据中。"生成横向排名数据"会生成横向排名数据，也就是说保存在扩展数据库中的不是指标数值，而是该指标的排名情况。

图7-11　"扩展数据设置"对话框

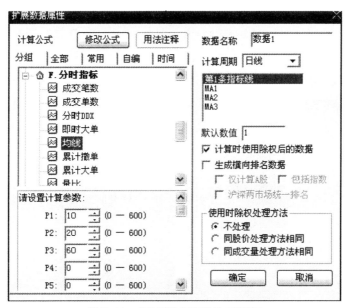

图7-12　"扩展数据属性"对话框

此外，在图7-11的"扩展数据设置"对话框中，可以选择"同步更新动态数据"复选框，这表示若当日接收到新的动态行情，当日的扩展数据在使用时将用新数据临时计算。选中该选项会使你的指标公式随着动态行情的变化而同步变化，但这会增加系统的计算负担，因为每次用到扩展数据时均会造成一次重新计算，所以，对于算法复杂的扩展数据应避免使用该选项。

通过扩展数据功能模块，我们可以在每个交易日通过"执行收盘"来保存更多的历史数据。

第四节　数据浏览器

数据浏览器可以帮助用户方便地浏览所有股票分笔数据、5分钟线数据、日线数据、除权数据、财务数据、专业财务数据、扩展数据、自定义数据以及历史分笔数据，投资者还可以对其进行导出。图7-13为"数据浏览器"窗口。

图 7-13　"数据浏览器"窗口

第五节　下载数据

通过菜单栏中的"工具"→"下载数据"，可以打开"下载数据"对话框，在这一对话框中，我们可以将所需的数据进行复选，从而实施下载，这些数据主要包括：分时、分笔、日线、5分钟线、财务、除权数据。图7-14为"下载数据"对话框。

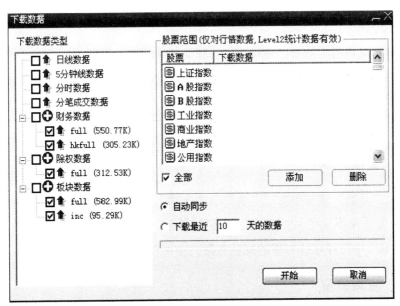

图7-14　"下载数据"对话框

小提示

此功能强制客户端的数据与服务器的数据保持同步。当客户端的数据出现紊乱或缺失的时候，需执行该项功能以保持选股、测试等数据的准确性。

第六节 丰富的选项设置

本节要点概览

1. 更改外观

2. 板块设置

3. 系统参数

4. 设置快捷键

节前概述

大智慧里面的"选项"模块为我们提供了丰富的设置功能，在"选项"模块里，我们既可以更改系统的配色方案，也可以对系统的相关参数进行设置，还可以更改快捷键，本节中，我们就来看看"选项"模块。

一、更改外观

通过"开始"菜单中的"查看"→"选项"，我们可以打开"选项"对话框，图 7-15 为选项模块中的"外观"设置对话框，在这一对话框中，我们可以从"配色方案"中选择系统自带的配色方案，也可以自定义设置。

二、板块设置

如图 7-16 所示，在"板块设置"选项卡中，我们可以对系统现有的板块构成、分类等信息进行自定义设置。例如，我们可以增加新的板块，也可以对系统自带的某些板块进行删除，单击"板块分类"按钮即可以打开"板块管理"对话框，如图 7-17 所示，可以看到，系统将所有的板块依据不同的标准进行了 7 类划分，它们分别是"全部板块类"、"行业类"、"概念类"、"地域类"、"证监会行业类"、"指数板块类"和"其他板块类"，对这些系统自带的分类，我们可以向其中加入某些板块，也可以从中删除某些板块，此外，我们还可以再依据自己的划分标准新建分类。

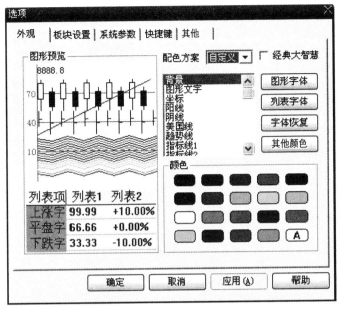

图 7-15　选项模块中的"外观"设置对话框

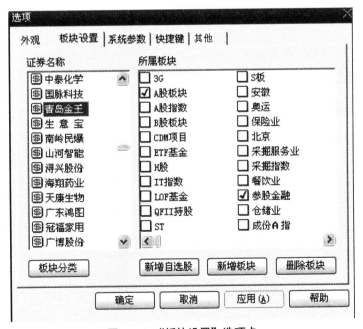

图 7-16　"板块设置"选项卡

图 7-17 "板块管理"对话框

 小提示

　　在图 7-16 中的"证券名称"一栏内，若我们选中相应的股票，则可以从右侧的"所属板块"栏内看到此股究竟属于哪一板块。

三、系统参数

　　"系统参数"是"选项"模块中最为重要的一个功能部件，图 7-18 为"系统参数"设置对话框，在这一对话框中，我们可以进行多种参数的设置，主要包括"性能设置"、"数据保存"、"界面设置"、"除权设置"、"自动收盘设置"和"其他设置"。

小提示

　　在本章第二节中，我们在讲解收盘清盘功能时，提到了可以通过"执行收盘"的方式来进行收盘操作，但如果我们在此处的"自动收盘"里进行了设置，则系统就会依据我们的设置方式自动进行收盘。

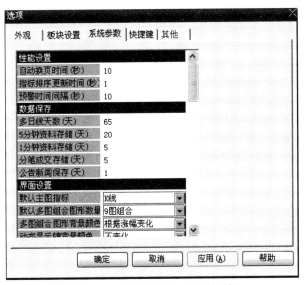

图 7-18　"系统参数"设置对话框

四、设置快捷键

大智慧炒股软件有自带的快捷键，在第六章中，我们已经列出了常用的系统快捷键，在"设置快捷键"选项卡中，我们可以对这些快捷键进行自定义设置。图 7-19 为"设置快捷键"对话框。

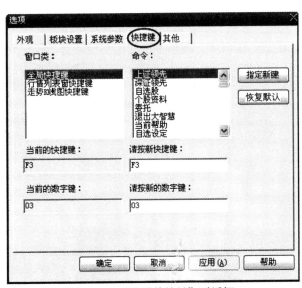

图 7-19　"设置快捷键"对话框

第七节 盘中获取实时信息

本节要点概览

1. 滚动资讯

2. 综合排名

3. 短线精灵

4. 公告新闻

5. 实时观察

节前概述

在每个交易日的盘中，场内外会有大量的消息出现，有些消息对个股的走势产生明显的影响，有些消息则有助于我们理解个股走势上的异动，大智慧提供了较强的盘中实时信息获取能力。本节中，我们就来看看这些功能部件。

一、滚动资讯

通过菜单栏中的"查看"→"滚动资讯"，我们可以打开"滚动资讯"窗口，如图7-20所示。在这一窗口中，列出了最新的财经动态，这些财经信息虽然并不一定直接影响到股市的走向，但对投资者分析股市、了解市场动态是有帮助的。

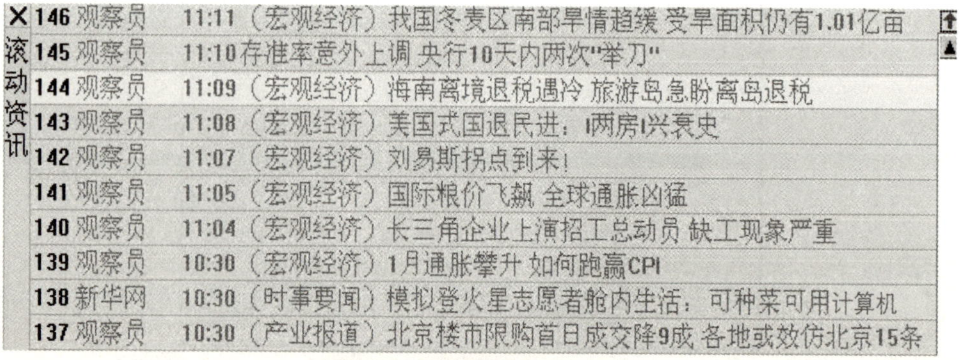

✕ 146 观察员	11:11	(宏观经济)	我国冬麦区南部旱情趋缓 受旱面积仍有1.01亿亩
滚 145 观察员	11:10	存准率意外上调 央行10天内两次"举刀"	
动 144 观察员	11:09	(宏观经济)	海南离境退税遇冷 旅游岛急盼离岛退税
资 143 观察员	11:08	(宏观经济)	美国式国退民进：两房兴衰史
讯 142 观察员	11:07	(宏观经济)	刘易斯拐点到来！
141 观察员	11:05	(宏观经济)	国际粮价飞飙 全球通胀凶猛
140 观察员	11:04	(宏观经济)	长三角企业上演招工总动员 缺工现象严重
139 观察员	10:30	(宏观经济)	1月通胀攀升 如何跑赢CPI
138 新华网	10:30	(时事要闻)	模拟登火星志愿者舱内生活：可种菜可用计算机
137 观察员	10:30	(产业报道)	北京楼市限购首日成交降9成 各地或效仿北京15条

图7-20 "滚动资讯"窗口

二、综合排名

通过菜单栏中的"查看"→"综合排名"，我们可以打开这一窗口，综合排名窗口的主要作用是实时地体现股市中哪些个股在盘口中表现异常，例如：哪些个股处于涨幅前列，哪些个股的量比数值较大，哪些个股在盘中最近 5 分钟内涨幅较大……利用这一窗口，我们就可以在盘中实时地捕捉到异动个股。"综合排名"窗口如图 7-21 所示。

上证A股综合排名								
今日涨幅排名			5分钟涨幅排名			委比正序排名		
沱牌曲酒	20.22	10.01%	开开实业	10.39	2.75%	*ST东碳	13.01	100.00%
维科精华	7.62	9.96%	迪康药业	13.24	2.36%	维科精华	7.62	100.00%
福建水泥	9.61	9.95%	联美控股	10.75	2.19%	沱牌曲酒	20.22	100.00%
乐山电力	15.05	9.30%	重庆港九	12.63	1.70%	*ST新材	12.77	100.00%
亚通股份	8.49	7.33%	西藏城投	18.87	1.46%	福建水泥	9.61	100.00%
新黄浦	9.71	6.70%	多伦股份	6.13	1.31%	*ST高陶	44.65	100.00%
今日跌幅排名			5分钟跌幅排名			委比逆序排名		
海南橡胶	15.31	-9.84%	宁波港	3.32	-0.88%	*ST国通	15.02	-100.00%
北方股份	19.32	-6.12%	文山电力	12.06	-0.73%	贵州茅台	181.98	-94.02%
中创信测	18.52	-5.89%	永生投资	12.86	-0.69%	*ST明科	6.36	-89.66%
凌钢股份	10.51	-5.82%	黑牡丹	9.33	-0.65%	南京高科	14.57	-89.44%
广电信息	11.77	-5.69%	广电信息	11.77	-0.64%	银座股份	21.81	-87.60%
二重重装	14.62	-5.62%	悦达投资	18.98	-0.61%	明星电力	14.48	-87.53%
今日振幅排名			今日量比排名			总金额排名		
包钢股份	4.79	14.13%	上海电力	4.43	3.90	海南橡胶	15.31	241142
联美控股	10.75	12.56%	申通地铁	11.94	3.72	方大炭素	17.19	202326
福建水泥	9.61	11.56%	长江投资	8.60	3.65	中国南车	8.70	189369
申通地铁	11.94	11.38%	九州通	15.24	3.58	包钢稀土	73.99	173059
海通集团	47.02	11.12%	凤凰股份	7.16	3.57	中信证券	13.71	164814
乐山电力	15.05	11.11%	恒顺醋业	17.81	3.54	三一重工	23.24	134152

图 7-21　"综合排名"窗口

小提示

综合排名窗口是一个极为实用的功能部件，在看盘时，我们要经常地调出它，为了更方便、快速地调出此窗口，我们应记住其快捷键：上证 A 股的综合排名窗口的快捷键是数字"81"，深证 A 股的综合排名窗口的快捷键是数字"83"，全体 A 股的综合排名窗口的快捷键是数字"80"。

三、短线精灵

通过菜单栏中的"查看"→"短线精灵"，我们可以打开这一窗口，如图 7-22 所示，这一窗口实时地指示了盘口交易中出现大笔成交、快速上涨、封涨停板等明显异动的个股，对我们看盘具有明确的指导作用。

图 7-22 "短线精灵"窗口

四、公告新闻

通过菜单栏中的"查看"→"公告新闻"，我们可以打开"公告新闻"窗口，如图 7-23 所示，在这一窗口中，我们可以查看上市公司的最新公告消息、财经要闻、板块资讯以及市场研究等内容。

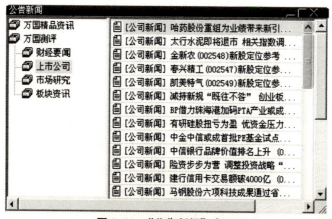

图 7-23 "公告新闻"窗口

五、实时观察

通过菜单栏中的"查看"→"实时观察",我们可以打开此窗口,如图7-24所示,实时观察中所提示的信息主要用于解释盘中出现了异动走势的个股,它将使我们更好地、实时地了解个股异动的原因,在盘口中,每一条信息会在盘中实时地弹出,而在"实时观察"窗口中,我们则可以列表的方式查看当日盘中所提示的所有实时观察信息。

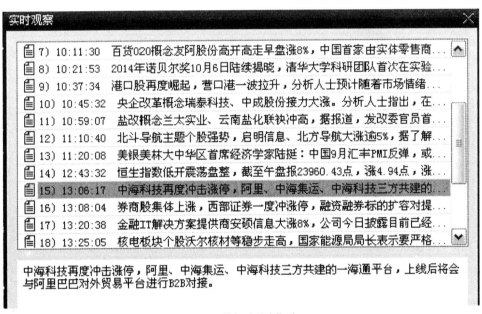

图7-24 "实时观察"窗口

第八章 大智慧实战分析功能

"工欲善其事，必先利其器"，好的分析功能将使我们事半功倍。大智慧软件提供了丰富的实盘分析功能，这些功能对投资者筛选目标股、对比分析不同个股、实时捕捉盘中异动股等相对较高级的分析操作提供了可行的途径，本章中，我们就来看看这些分析功能。

- 主图叠加
- 测量距离
- 模式匹配设计
- 时空隧道
- 板块对比分析
- 阶段统计排序
- A/H 股联动分析
- 预警功能
- 条件选股
- 修改指标公式

第一节 主图叠加

所谓的主图，就是指 K 线走势图，或是当日的盘中分时图。主图叠加是指将不同股票的主图叠加在同一个坐标系内。

主图叠加的最重要作用在于，它可以将个股及大盘指数的同期历史 K 线走势相叠加，或者是将个股与所属板块指数的同期历史 K 线走势相叠加，这样，我们就可以在同一个坐标系内看清楚此股的走势是随波逐流还是特立独行。这对我们捕捉主力控盘、了解个股运行强弱具有重要的指导意义。

通过菜单栏中的"画面"→"主图叠加"，或是快捷操作条中的"图形叠加"按钮，如图 8-1 所示，我们可以打开主图叠加对话框，如图 8-2 所示，在这一对话框内，我们可以选择所要叠加的品种，可以叠加单独的品种（如上证指数），也可以复选叠加多个品种（通过按键盘上的〈Ctrl〉键或〈Shift〉键可实现复选）。

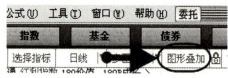

图 8-1 快捷操作条中的"图形叠加"按钮

图 8-2 "主图叠加"对话框

图 8-3 为金发科技走势图中叠加上证指数示意图，如图所示，通过这种叠加，我们可以更为清晰地看到两者在走势上存在的差异。值得注意的是，在叠加之后，由于指数的点位与个股的股价并不隶属于同一个概念范畴，因而，叠加图的纵坐标采用了百分比的形式。

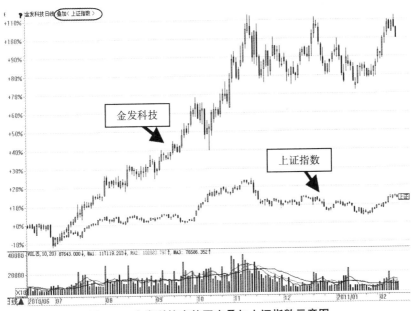

图8-3　金发科技走势图中叠加上证指数示意图

　　我们还可以将这种叠加方式进行锁定，这样，在切换到其他股票走势图时，依然会呈现出这种叠加效果图，单击快捷操作条中的"图形叠加"右侧的小锁头图标，可以对这种叠加方式进行锁定，也可以对叠加进行删除。锁定叠加效果示意图如图8-4所示。

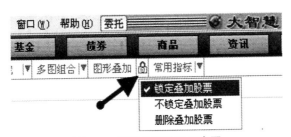

图8-4　锁定叠加效果示意图

第二节　测量距离

　　测量距离是一个很实用的小工具，它可以帮助我们在 K 线走势图中轻松地测量两个点位之间的涨跌幅、价位差、相距时间等信息。

　　通过菜单栏中的"画面"→"测量距离"，我们可以打开这一工具，此时，我们会看到一个小尺子的图形，按住鼠标左键进行拖动，就可以测量两个点位之间的距离。金发科技"测量距离"示意图如图 8-5 所示，我们测量了金发科技两个点位之间的距离，其中的距离表示两个点位之间有多少根 K 线。对于本图来说，这是日 K 线走势图，因而，距离：78 表示这两个点位之间共有 78 个交易日，涨跌：3.38 表明两点之间相差 3.38 元，幅度：25.10% 表明个股上涨了25.10%。再次单击菜单栏中的"画面"→"测量距离"，可以关闭这一工具。

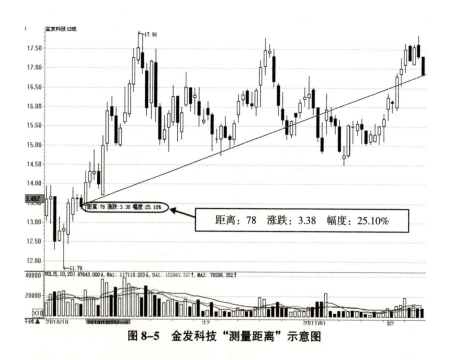

图 8-5　金发科技"测量距离"示意图

第三节　模式匹配设计

"模式匹配设计"模块可以帮助我们依据已选的模式（如价格形态、量能形态）来搜寻那些与这一模式相符的个股，这一新功能使得技术分析中最困难的"形态分析"变得很简单。下面我们就来看看这一功能模块的用法。

（1）首先，我们要将已有的模式显示在K线图中。图8-6为我们设计好的一个模式，此图为熊猫烟花（600599）局部K线走势图，我们将其称为"长期盘整后的突破"。

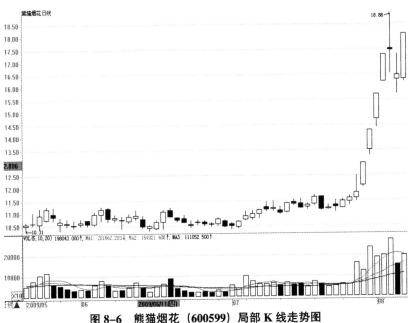

图8-6　熊猫烟花（600599）局部K线走势图

（2）通过菜单栏中的"分析"→"模式匹配设计"打开"模式匹配设计"对话框，如图8-7所示，在这一对话框中，我们输入模式名称以标识这一模式，选择具体的匹配方法（单击"高级"按钮可打开此复选框），然后，单击"保存模式"、"确定"按钮后，退出此对话框即可。在本例中，我们仅仅进行"价格走势匹配"。

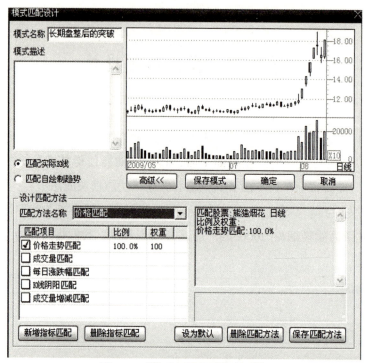

图 8-7 "模式匹配设计"对话框

（3）通过菜单栏中的"工具"→"条件选股"，如图 8-8 所示。打开"条件选股"对话框，如图 8-9 所示。

图 8-8 菜单栏中"工具"→条件选股

（4）此时，在"条件选股"对话框中，选择"常用"选项卡，左侧的列表中，选中刚才保存的模式"长期盘整后的突破"，在对话框右侧，可以设定"模式匹配度"，模式匹配度越高，则所筛选出的个股走势形态与我们所选模式越相似。单击"执行选股"按钮。

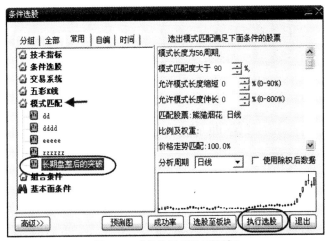

图 8-9　"条件选股"对话框

（5）执行选股之后，会弹出相应的选股结果，所筛选出的匹配模式示意图如图 8-10 所示，图形中的深色区域就是所筛选出来的与我们所选模式相符的形态。

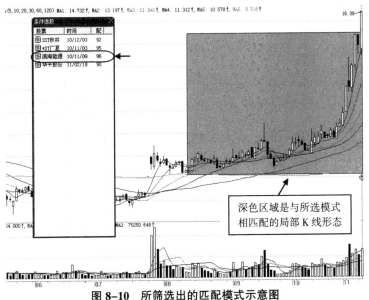

图 8-10　所筛选出的匹配模式示意图

小提示

模式匹配毕竟只是一种量化的匹配过程，它所筛选的结果或许与我们预期的并不完全相符，或者是搜不出与所选模式相符的个股，此时，我们可以适当地降低模式匹配度，让其发挥初级筛选的作用。随后，从所筛选出来的数量相对较小的股票范围中，我们再自行从中找出与之相符的个股即可。这大大地降低了我们的选股范围，有利于我们更高效地展开分析操作。

第四节　时空隧道

通过菜单栏中的"分析"→"时空隧道"可以打开此工具。时空隧道可以将数据定位到指定时间，该时间后的数据将不被显示，好像时间真的回到了过去。它可以让我们以时间发展的顺序来查看价格的运行过程，如果我们还存储了分时线数据，则还可以再现定位时间的即时行情。

首先打开个股的K线走势图，随后，打开时空隧道工具，这时，整个界面都变蓝了，右下角还出现一个时间调节界面，如图8-11所示。时间调节界面是用来模拟历史重演的时间的，界面下方有一排按钮，选定相应的时间范围，设定好步长（步长就是前进或者倒退一次是多少长度，可以是一秒，也可以是一天），再通过下方的播放按钮，我们就可以看到历史上的K线一个个出现，好像时间真的回到了从前。

图8-11　时间调节界面示意图

第五节　板块对比分析

板块对比分析模块可以帮助我们更好地了解不同板块之间所存在的关联（例如，两个板块之间的共有股票有哪些），板块对比分析模块包括：对比分析、关系分析、样本股分析以及交叉分析。通过菜单栏的"分析"→"板块分析"可以打开它的对话框，如图8-12所示。

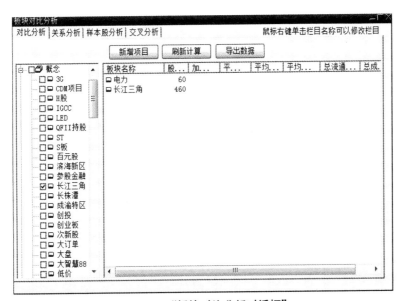

图8-12　"板块对比分析对话框"

假设我们想知道位于长江三角区域的电力股有哪些，则可以在左侧的板块列表中复选"长江三角"、"电力"这两个板块，然后，单击"刷新计算"按钮会弹出一个执行计算的进度条，如图8-13所示，进度条走满后，我们返回到板块对比分析窗口，可以单击不同的选项卡以查看相应的计算结果，图8-14为"关系分析"选项卡中的交集结果。所谓的交集就是指既属于电力板块，也属于长江三角板块的股票的集合。

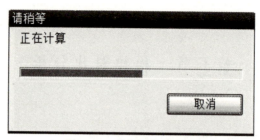

图 8-13　执行计算进度条

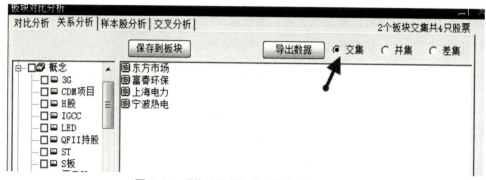

图 8-14　"关系分析"选项卡中的交集结果

第六节　阶段统计排序

　　阶段统计排序功能，以某一时间段为计算单位，主要是用于统计全体个股的、某段时间内的、某种行情数据（如成交量、换手率……）的累计大小并可对其进行排序。要打开"阶段统计"对话框，我们首先要进入到动态报价表界面下（注：通过数字快捷键 〈60〉可以进入全体 A 股动态报价表，通过数字快捷键〈61〉可以进入上证 A 股动态报价表，通过数字快捷键 〈63〉可以进入深证 A 股动态报价表），在动态报价表界面中，通过菜单栏中的"工具"→"阶段统计排序"可以打开"阶段统计"对话框，如图 8-15 所示。

　　在这一对话框中，我们可以设定所统计的数据类型、时间范围，随后，单击"确定"按钮即可得到统计结果，统计结果是以单独一列的形式显示在动态报价表中的，显示在动态报价表中的阶段统计项如图 8-16 所示。我们统计的是最近

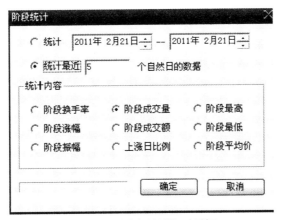

图 8-15   "阶段统计"对话框

5 日的累计换手率及最近 5 日的涨幅。可以看到，这些统计出来的数据以单独一列的方式出现在动态报价表中，此时，单击表项名称"5 日涨幅"或"5 日换手"，我们就可以依据这一统计数据的大小对个股进行依次排列。

序号	代码	名称	● ✿	5日涨幅	5日换手↓	振幅	最新
1	300179	四方达		5.67%	124.06%	46%	33.55
2	300169	天晟新材		12.72%	63.00%	4.27%	42.44
3	300086	康芝药业		-8.90%	58.47%	7.58%	60.49
4	300175	朗源股份		0.90%	56.31%	2.91%	22.52
5	300172	中电环保		8.44%	45.64%	4.63%	33.40
6	300177	中海达		-0.58%	42.90%	3.55%	59.90
7	300163	先锋新材		5.24%	41.09%	3.60%	28.53
8	300176	鸿特精密		-0.33%	40.24%	2.70%	21.38
9	300178	腾邦国际		-1.49%	38.24%	4.87%	31.65
10	300057	万顺股份	✿	10.46%	34.38%	6.20%	28.72
11	300174	元力股份		13.81%	31.29%	6.10%	29.59
12	300143	星河生物		6.59%	28.61%	3.82%	76.00
13	300118	东方日升		5.16%	25.47%	7.29%	72.77
14	300160	秀强股份		8.76%	25.14%	3.72%	35.64

图 8-16   显示在动态报价表中的阶段统计项

第七节 A/H 股联动分析

我国上市公司的股票有 A 股、B 股、H 股等的区分，同一家公司有可能在 A 股市场上市的同时，也在 B 股或 H 股市场上市，例如：晨鸣纸业就是一家既在 A 股上市，也在 B 股及 H 股市场上市的企业，虽然 A 股、B 股、H 股所面向的投资者群体不同、市场参与资金不同，但它们却指代着同一个上市公司，且同股同权。

随着大量上市公司同时在中国内地 A 股市场和中国香港 H 股市场同时发行股票，而且，中国香港市场由于发展时间较早、表现成熟且更注重价值投资理念，这与国内股市更注重题材炒作的市场氛围是有明显差别的，因此，比较同一企业在不同市场（A 股市场、B 股市场、H 股市场）的走势就变得很有意义。当 A 股的价格选高于其 H 股的价格时，我们可以认为 A 股的价格处于相对高估状态，此时，我们不宜做中长线持股待涨的打算；反之，当 A 股的价格选低于其 H 股的价格时，我们可以认为 A 股的价格处于相对低估状态，此时，我们不宜盲目做空。

此外，从市场的实际表现来看，当 H 股大涨时，其相关的 A 股股票也往往会受到带动而随之上涨，反之亦然。可以说，它们之间的走势存在着一定的联动性，甚至是较大的联动性。大智慧新一代的"联动分析"，从股价、涨幅、市盈率等多个角度来探讨股市之间的相关性。

如图 8-17 所示，通过单击菜单栏中的"工具"→"联动分析"，我们可以打开如图 8-18 所示的"联动分析"窗口。

在"联动分析"窗口中，列出了在 A 股市场上市且还存在着 H 股或 B 股的股票，其中的 A/B、A/H 数值表示 A 股股价是 B 股或 H 股的多少倍（注：计算时，已将相应的 B 股股价或 H 股股价折算成人民币货币单位）。当数值大于 1 时，表示 A 股市场中的股价高于相应的 B 股市场或 H 股市场，数值越大，则表示它们之间的价差越大；当数值小于 1 时，表示 A 股市场中的股价低于相应的 B 股市场或 H 股市场，数值越小，则表示它们之间的价差越大。

图8-17　"联动分析"选项卡

A股名称	A股价	A比例	B股名称	B股价	B比例	H股名称	H...	H...	A/B	A/H
*ST北人	7.510	76.30%				训机械股份	3.140			2.749
*ST联华	11.230	36.05%	*ST联华B	0.774	38.61%				2.134	
*ST盛润A	9.070	23.83%	*ST盛润B	3.580					2.912	
*ST中华A	5.510	21.07%	*ST中华B	2.560					2.474	
SST天海	12.480	21.05%	ST天海B	0.535	36.54%				3.430	
SST中纺	22.010	7.21%	ST中纺B	0.800	33.64%				4.046	
ST科龙	7.630	20.84%				海信科龙	4.250			2.064
ST东海A	5.440		ST东海B	3.300					1.895	
ST二纺	6.540	58.88%	ST二纺B	0.443	41.12%				2.171	
ST洛玻	7.510	50.00%				日玻璃股份	2.340			3.689
ST轻骑	6.440	43.82%	ST轻骑B	0.488	23.67%				1.941	
ST中冠A	8.270	58.96%	ST中冠B	4.170					2.280	
ST珠江	5.290	84.46%	ST珠江B	3.650					1.666	
S上石化	8.910	10.00%				虫化工股份	4.780			2.143
S仪化	12.630	5.00%				工化纤股份	4.280			3.392

图8-18　"联动分析"窗口

在"联动分析"窗口中用鼠标双击某一股票，就可以将同一上市公司的两只股票进行叠加，图8-19为上石化与其H股上海石油化工股份K线叠加走势图。

图 8-19　上石化与其 H 股上海石油化工股份 K 线叠加走势图

第八节　预警功能

A 股市场中有几千只个股，我们不可能在盘中实时地观察这么多的股票，而且，我们所观察的股票也许在很长的时间内并没有明显异动，因而，观察范围过窄的股票集合限制了我们的短线操作。如何在盘中实时地捕捉并发现异动个股呢？我们可以利用大智慧的预警功能。

单击系统菜单栏的"工具"→"预警"，可以打开"预警"对话框，如图 8-20 所示，在这一对话框中，单击"新增条件"进入"预警条件设定"对话框，如图 8-21 所示，在这一对话框中，我们要设定相应的预警条件并选择所监控的股票范围。

在图 8-21 的对话框中，首先，我们应设定一个预警名称以标识它，随后，单击"加入"按钮会弹出如图 8-22 所示的"选择股票"对话框，在此对话框中，我们添加所要监控的股票。大智慧预警系统的监控条件分为六大类：条件选股、

图 8-20　"预警"对话框

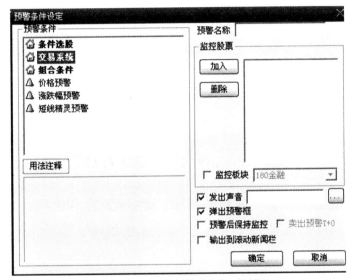

图 8-21　"预警条件设定"对话框

图 8-22　"选择股票"对话框

交易系统、组合条件、价格预警、涨跌幅预警和短线精灵预警。我们可以在图8-21对话框左侧的"预警条件"栏中进行选择，一旦有了满足预警条件的情况出现，系统立即弹出预警窗口并发出声音提示。

第九节　条件选股

预警模块的主要作用是捕捉盘中实时异动的个股并发出警报，预警的条件也相对简单。如果我们筛选符合某种特定技术特征的个股，则可以使用大智慧的"条件选股"模块。

单击系统菜单栏中的"工具"→"条件选股"，可以打开"条件选股"对话框，如图8-23所示，大智慧新一代系统目前支持技术指标、条件选股、交易系统、五彩K线、模式匹配、组合条件以及基本面条件七大类选股方法进行选股。

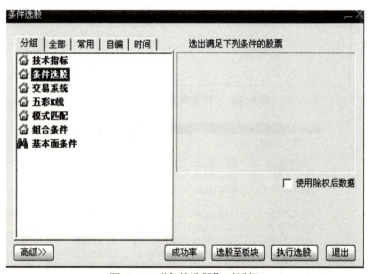

图8-23　"条件选股"对话框

下面我们来看看如何展开一次具体条件选股，假设我们要选出有早晨之星这种形态特征的股票，此时，我们可以在图8-23左侧的树形栏内选择这一条件，如果还需要设定选股范围或历史时间范围，可以按"高级"按钮进行更精确设置。条件选股之"早晨之星"设置对话框如图 8-24 所示。全部选择完成后，单击"执行选股"按钮即可。

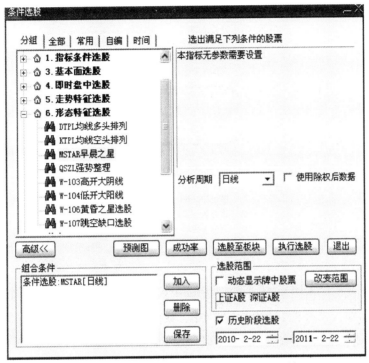

图 8-24 条件选股之"早晨之星"设置对话框

第十节 修改指标公式

技术指标都有其默认的参数设置，但这些参数也许并不符合投资者的使用习惯，这时，我们可以自行设定指标参数、指标的显示方式。本节中，我们更进一步，看看如何对指标参数进行修改。

将鼠标移动至指标副图窗口中，用鼠标右键呼出快捷菜单，右键快捷菜单示意图如图 8-25 所示，在这一菜单中，"指标用法注释"、"调整指标参数"、"修改指标公式"这三项是我们在了解指标、修改指标参数时所要用到的。

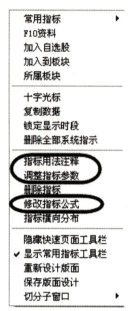

图 8-25　右键快捷菜单示意图

　　首先，我们单击图 8-25 中的"指标用法注释"，此时，会弹出一个 MACD 指标用法提示框，如图 8-26 所示，本例中，我们所选择的指标是指数平滑异同平均线 MACD，利用这一提示框，我们可以大致了解指标的基本原理、算法、用法。

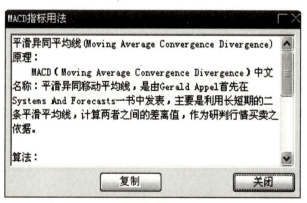

图 8-26　MACD 指标用法提示框

　　我们单击图 8-25 中的"调整指标参数"，此时，会弹出一个"指标参数调整"对话框，如图 8-27 所示，在这一对话框中，我们可以对指标的基本参数进行修改，也可以将其还原回指标的默认参数。

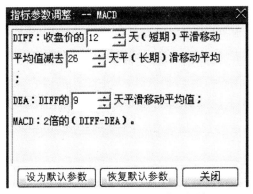

图 8-27 "指标参数调整"对话框

我们单击图 8-25 中的"修改指标公式",此时,会弹出一个"技术指标公式编辑器"对话框,如图 8-28 所示,在这一对话框中,我们可以对指标的各种参数进行修改,还可以对指标公式进行修改。值得注意的是:指标的显示区域可以是主图,这称为主图叠加,即指标与 K 线走势图处于同一坐标系内,也可以是副图,一般来说,若非指标显示区域出现了错误,这一选项是不能修改的。

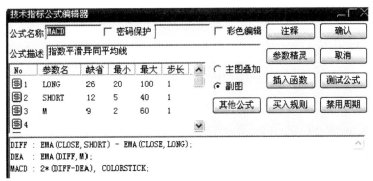

图 8-28 "技术指标公式编辑器"对话框

第三篇

股票新手实战指南

本篇中，我们将结合实战操作，讲解如何利用各种不同的方法进行买卖，我们从趋势、K线与量能形态和反转形态这三个不同的角度展开。其中的"趋势"是一次买卖所首要关注的因素；K线与量能形态是我们最常用的技术分析手段，它既适用于短线，也适用于中长线；反转形态则有助于我们从中长线的角度实现轻轻松松获利、轻轻松松规避风险的目的。

第九章 关注趋势，顺势操作

技术分析的核心就是对于趋势的分析，准确地分析出趋势的当前运行状态、未来走向，我们就可以进行"顺势"操作，从而实现在升势中大幅获利、在跌势中规避风险的目的。那么，如何准确地分析预测趋势呢？这就要用到趋势分析工具。本章中，我们就来全面地讲解各种趋势分析工具的用法。

● 移动平均线

● 指数平滑异同平均线

● 上升趋势线与下降趋势线

● 周K线中把握多空整体实力

第一节 移动平均线

本节要点概览

1. 什么是移动平均线

2. 在大智慧中调出均线

3. 均线多头形态与升势

4. 均线空头形态与跌势

5. 均线缠绕形态与反转

6. 结合均线把握短线买卖点

节前概述

移动平均线是分析趋势运行最基础也是最重要的工具。它可以直观、形象地反映出升势与跌势，也可以在趋势反转时及时地发现预警，本节中，我们就来看看如何利用移动平均线判断趋势、把握趋势，并结合趋势运行进行买卖。

一、什么是移动平均线

移动平均线（Moving Average，MA）是道氏理论的形象化表述，它以道琼斯的"平均成本概念"为基础，通过对近期数个交易日的指数或股价加以平均，连成平滑曲线，从而得出相应时间周期内的市场持仓成本变化情况，并通过市场持仓成本的变化情况来解读当前的市场运行趋势。

可以说，移动平均线是市场平均持仓成本变化的形象化体现方式，市场平均持仓成本的变化是否就是趋势运行的反映呢？答案是肯定的。其实，市场平均持续成本的变化是趋势运行的内在本质体现，但市场平均持续成本的变化却并不能100%地指明趋势的未来走向，一般来说，"市场平均持续成本的变化情况"、"场外投资者的买卖意愿"这两方面的因素决定了价格的后期趋势运行状态，两者各对价格走势有50%的影响力。

移动平均线通过反映市场平均持仓成本的变化情况，进而直接反映出趋势的运行情况，那么，移动平均线是如何计算市场的平均持仓成本呢？在实际计算时，移动平均线以每个交易日的收盘价来近似地代表这一交易日的平均持仓成本，下面我们以 5 个交易日作为计算周期，来看看移动平均线的计算方法。其中，以 C_n 来代表第 n 日的收盘价，以 MA5(n) 代表在第 n 日计算所得的 5 日移动平均值：

$$MA5(n) = (C_n + C_{n-1} + C_{n-2} + C_{n-3} + C_{n-4}) \div 5$$

将每一日的 MA5(n) 数值依次连续，使之成为平滑的曲线，这就是 5 日均线 MA5。依据同样的方法，10 日均线 MA10、15 日均线 MA15、20 日均线 MA20、30 日均线 MA30、60 日均线 MA60，其中的 MA10、MA30、MA60 较为常用。在实盘操作中，我们可以将 MA5 称为短期均线，将 MA30 称为中期均线，将 MA60 称为中长期均线。

二、在大智慧中调出均线

在大智慧的主图窗口中，我们可以通过键盘精灵来调出或关闭移动平均线，如图 9-1 所示。在 K 线走势图中，在键盘上键入〈MA〉后按〈Enter〉键，即可调出或关闭移动平均线。

图 9-1　键盘精灵调出或关闭移动平均线

三、均线多头形态与升势

当价格处于上升趋势中时，由于市场处于一个买方占主导地位的状态下，买盘不断入场且力量强于卖方，这会使得价格走势节节攀升，周期相对较短的市场持仓平均持仓成本上升得更快，此时的移动平均线会呈现出多头排列形态，即周期较短的移动平均线位于周期较长的移动平均线上方，且这些周期不等的均线呈现出向上发散的形态。

图 9-2 为旭飞投资（000526）2008 年 10 月 29 日至 2010 年 4 月 9 日期间走势图，图中由细到粗的四条均线分别为 MA5、MA15、MA30 和 MA60，如图标注所示，当此股步入上升趋势后，周期较短的均线运行于周期相对较长的均线上方，呈多头向上发散形态。通过均线的这种多头排列形态，我们可以清晰地识别出此股的"上升趋势"这一运行状态。

图 9-3 为帝龙新材（002247）2008 年 11 月 5 日至 2010 年 2 月 12 日期间走势图，此股在上升途中因个股的短期波动，而使得周期长短不一的均线黏合在一起，但只要 MA60 依旧保持缓缓上移的形态，就是升势仍然在持续的标志，此时，我们不宜在中途卖股离场。

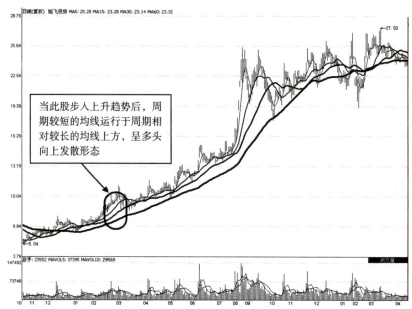

当此股步入上升趋势后，周期较短的均线运行于周期相对较长的均线上方，呈多头向上发散形态

图 9-2　旭飞投资（000526）2008 年 10 月 29 日至 2010 年 4 月 9 日期间走势图

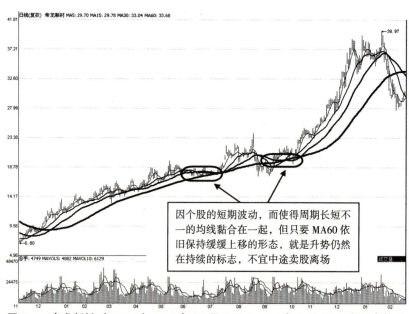

因个股的短期波动，而使得周期长短不一的均线黏合在一起，但只要 MA60 依旧保持缓缓上移的形态，就是升势仍然在持续的标志，不宜中途卖股离场

图 9-3　帝龙新材（002247）2008 年 11 月 5 日至 2010 年 2 月 12 日期间走势图

四、均线空头形态与跌势

当价格处于下跌趋势中时，由于市场处于一个卖方占主导地位的状态下，卖盘不断涌出且力量强于买方，这会使得价格走势节节下降，且周期相对较短的市场平均持仓成本下降得更快，此时的移动平均线会呈现出空头排列形态，即周期较短的移动平均线位于周期较长的移动平均线下方，且这些周期不等的均线呈现出向下发散的形态。

图 9-4 为银鸽投资（600069）2007 年 12 月 6 日至 2009 年 2 月 13 日期间走势图，图中由细到粗的四条均线分别为 MA5、MA15、MA30 和 MA60，如图标注所示，当此股步入下跌趋势后，周期较短的均线运行于周期相对较长的均线下方，呈空头向下发散形态。通过均线的这种空头排列形态，我们可以清晰地识别出此股的"下跌趋势"这一运行状态。

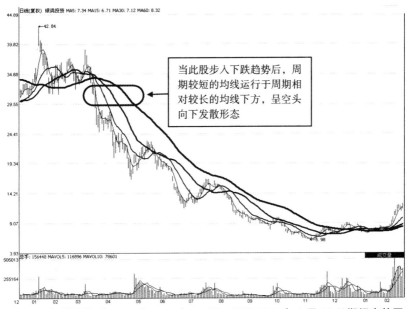

当此股步入下跌趋势后，周期较短的均线运行于周期相对较长的均线下方，呈空头向下发散形态

图 9-4　银鸽投资（600069）2007 年 12 月 6 日至 2009 年 2 月 13 日期间走势图

五、均线缠绕形态与反转

当股市或个股经历了长时间、大幅度的上涨或下跌之后，就会进入到顶部区或底部区，此时，我们可以从均线排列形态的变化及时把握趋势的见顶或见底。

在股市经历了长期上涨后，若在高位区出现了较长时间的盘整震荡走势，此时，周期长短不一的均线呈横向缠绕形态，短期均线经常性地向下跌破中长期均线且在较长时间内运行于中长期均线下方，如果代表着价格中长期走势的 MA60 此时也开始走平且有下移倾向，则这预示着空方已开始逐步占据市场主导地位，是顶部出现一轮跌势随后将展开的标志。此时，我们应逢反弹进行卖股操作，不可恋战。

图 9-5 为海泰发展（600082）2008 年 12 月至 2010 年 4 月期间走势图，图中由细到粗的四条均线分别为 MA5、MA15、MA30 和 MA60，如图标注所示，均线系统横向缠绕在一起，MA60 开始走平且有下移倾向，这是顶部出现的标志。此时，我们应及时地逢高卖股出局。

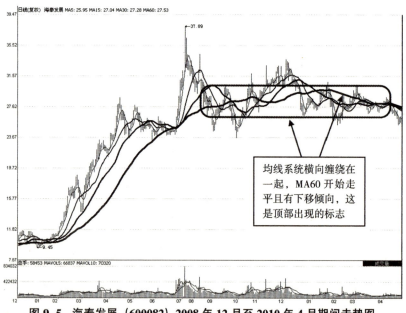

均线系统横向缠绕在一起，MA60 开始走平且有下移倾向，这是顶部出现的标志

图 9-5　海泰发展（600082）2008 年 12 月至 2010 年 4 月期间走势图

在股市经历了长期下跌后，若在低位区出现了较长时间的盘整震荡走势，此时，周期长短不一的均线呈横向缠绕形态，短期开始站稳于中长期均线上方，如果代表着价格中长期走势的 MA60 此时也开始走平且有上移倾向，则这预示着多方已开始逐步占据市场主导地位，是底部出现的标志，也是一轮涨势随后将展开的标志。此时，我们应逢回调后的阶段性低点进行买股布局操作。

图 9-6 为同仁堂（600085）2007 年 9 月至 2009 年 4 月期间走势图，图中由细到粗的四条均线分别为 MA5、MA15、MA30 和 MA60，如图标注所示，均线系统横向缠绕在一起，MA60 开始走平且有上移倾向，这是底部出现的标志。此时，我们应及时地买股布局。

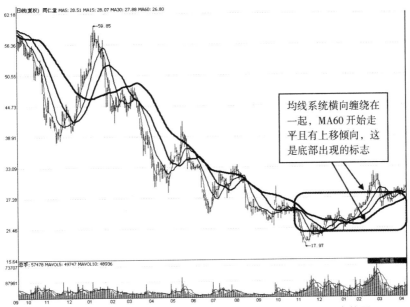

图 9-6　同仁堂（600085）2007 年 9 月至 2009 年 4 月期间走势图

六、结合均线把握短线买卖点

移动平均线的主要作用是识别趋势运行状态，但它对于我们的短线操作同样也有重要的指导作用。下面我们结合实例来看看如何利用均线形态的变化把握短线买卖时机。

图 9-7 为上海汽车（600104）2009 年 4 月 17 日至 2009 年 12 月 9 日期间走势图，此股在此期间正处于上升趋势中，这通过均线系统的多头排列形态可以得知，如图标注所示，上升途中的一波快速下跌走势使得短期均线 MA5 快速向下跌破了中长期均线 MA60，随后，当 MA5 再度向上交叉并穿越 MA60 时，则预示着新一波上涨行情的展开，此时也是我们短线买股的信号。这种短期均线 MA5 由下向上交叉中长期均线 MA60 的形态称为移动平均线的金叉形态。

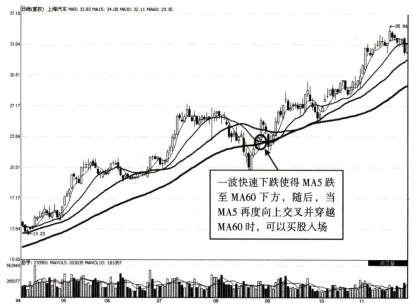

一波快速下跌使得 MA5 跌至 MA60 下方，随后，当 MA5 再度向上交叉并穿越 MA60 时，可以买股入场

图 9-7　上海汽车（600104）2009 年 4 月 17 日至 2009 年 12 月 9 日期间走势图

图 9-8 为包钢稀土（600111）2010 年 6 月 3 日至 2011 年 1 月 26 日期间走势图，如图标注所示，此股在中期内因持续地上涨而使得均线呈鲜明的多头排列形态，且不同周期的均线之间距离也随着这种加速上涨的势头而不断扩大，随

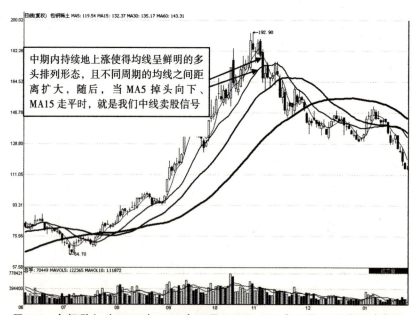

中期内持续地上涨使得均线呈鲜明的多头排列形态，且不同周期的均线之间距离扩大，随后，当 MA5 掉头向下、MA15 走平时，就是我们中线卖股信号

图 9-8　包钢稀土（600111）2010 年 6 月 3 日至 2011 年 1 月 26 日期间走势图

后，当MA5掉头向下、MA15走平时，就是我们中线卖股离场的时机。因为，这种形态的转变往往是个股进入到中期顶部的标志，也是抛盘开始集中涌出的标志。

图9-9为莲花味精（600186）2009年8月24日至2010年2月11日期间走势图，如图标注所示，此股因主力资金炒作而出现了短期飙升走势，此时，短期均线MA5会快速地向上运行并脱离中长期均线，在短期快速上涨之后，如出现了连续两个交易日的收盘价收于短期均线MA5下方，则多预示着短期上涨势头的终止，是我们短线卖股离场的信号。

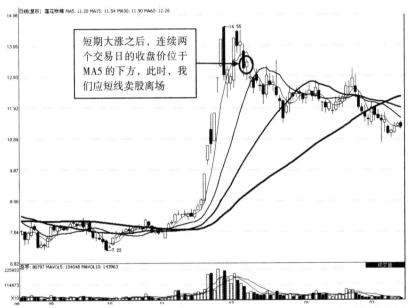

图9-9　莲花味精（600186）2009年8月24日至2010年2月11日期间走势图

图9-10为哈飞股份（600038）2007年11月至2008年11月期间走势图，此股在此期间处于下跌趋势中，在下跌趋势中，我们中长线的操作策略是持币观望，但也可结合市场的短期快速下跌，用少量的资金博取短期反弹行情。

如图中标注所示，当个股在下跌途中经一波反弹走势而涨至MA60附近时，此时往往也就是短期反弹行情结束的时候，此时，我们应卖股离场。

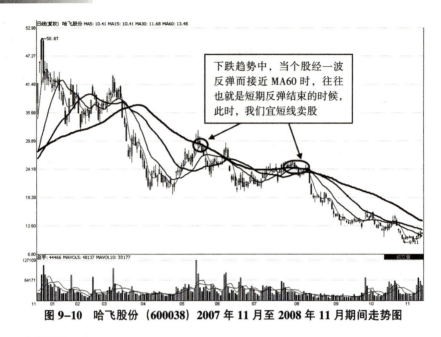

日线(复权) 哈飞股份 MA5: 10.41 MA15: 10.41 MA30: 11.68 MA60: 13.48

下跌趋势中，当个股经一波
反弹而接近 MA60 时，往往
也就是短期反弹结束的时候，
此时，我们宜短线卖股

图 9-10　哈飞股份（600038）2007 年 11 月至 2008 年 11 月期间走势图

小提示

　　移动平均线的短线操作原理主要是利用了短期均线与中长线均线之间"分离—聚合—再分离"的这种特性。这种特性是指：价格短期内的快速上涨或下跌使得短期均线明显远离中长期均线，随后，短期均线会有再度靠拢中长期均线的倾向。这也称为移动平均线的收敛特性。

第二节　指数平滑异同平均线

本节要点概览

1. 什么是 MACD

2. 用 MACD 识别升势

3. 用 MACD 识别跌势

4. 用 MACD 把握趋势反转

5. 用 MACD 把握低吸高抛点

节前概述

在升势或跌势较为明朗的时候，移动平均线是一种较为理想的分析工具，但在趋势运行不是很明朗的时候，移动平均线就显得不够完备了，它往往会发出虚假的信号。为了摒弃移动平均线的这种缺点，建立在移动平均线基础之上的指数平滑异同平均线（Moving Average Convergence and Divergence，MACD）应运而生。MACD 既适用于升势与跌势的分析，也适用于盘整行情，而且，它还是我们短线买卖的得力助手。本节中，我们就来看看 MACD 的用法。

一、什么是 MACD

MACD 其实就是移动平均线的波动指标，它是中短期移动平均线之间所存在的收敛特性，通过计算得出两条移动平均线之间的差异——正负差 DIF，以此作为研判价格波动的根据。

在 MACD 指标的窗口中，有两条指标线：DIFF 线与 DEA 线，DIFF 线也称为离差值曲线，它是快速平滑移动平均线（EMA1）和慢速平滑移动平均线（EMA2）的差值，DIFF 的数值大小代表了 EMA1 和 EMA2 之间的距离大小。DEA 是 DIFF 的移动平均曲线，其作用主要是对 DIFF 线进行平滑处理。一般来说，EMA1 的周期为 12 日，EMA2 的周期为 26 日，DIFF 的移动平滑周期为 9 日，这可以表示为：MACD（26，12，9）。

除此之外，MACD 还有一个辅助指标——柱状线（BAR），BAR 值是 DIFF 与 DEA 差值的两倍，它将 DIFF 线与 DEA 线的分离、聚合情况立体化、形象化，柱状线是有颜色的，在低于 0 轴以下是绿色，高于 0 轴以上是红色，绿色柱线越长说明卖盘越强，红色柱线越长则说明买盘越强。通过柱状线的变化，我们就可以清晰地看到 DIFF 线与 DEA 线之间的位置关系，也可以及时地了解买卖盘力量的转变。

MACD（26，12，9）指标的计算过程：

（1）计算 EMA：EMA（12）=前一日 EMA（12）×11/13+今日收盘价×2/13，EMA（26）=前一日 EMA（26）×25/27+今日收盘价×2/27；

（2）计算 DIFF：DIFF=今日 EMA（12）–今日 EMA（26）；

（3）计算 DEA：DEA=最近 9 日的 DIF 之和/9；

（4）MACD=（当日的 DIF−昨日的 DIF）×0.2+昨日的 MACD；

（5）柱状值 BAR=2×（DIFF−DEA），而这一数值也是所求出的 MACD 值。

小提示

MACD 的计算方法相对复杂，但是其原理及使用方法却并不难，它的原理就是基于移动平均线的收敛特性。下面我们就来看看 MACD 的使用方法。

二、用 MACD 识别升势

当价格走势步入到上升趋势中后，此时的 MACD 指标线会持续、稳健地运行于 0 轴上方，只要 MACD 指标线不长时间地处于跌破 0 轴的状态，则上升趋势就会保持下去。

图 9-11 为保利地产（600048）2008 年 10 月 21 日至 2009 年 7 月 31 日期间走势图，在 MACD 指标窗口中，我们用虚线标注了 0 轴所在位置，可以看到，此期间的 MACD 指标线稳健地运行于 0 轴上方，这正是 MACD 指标对于此股当前正处于上升趋势运行中的直观反映。

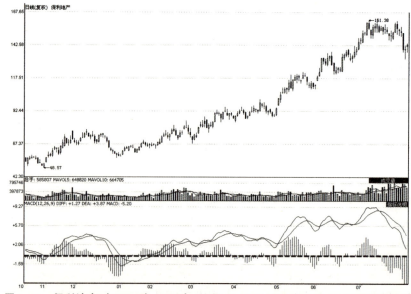

图 9-11　保利地产（600048）2008 年 10 月 21 日至 2009 年 7 月 31 日期间走势图

三、用 MACD 识别跌势

当价格走势步入到下跌趋势后，此时的 MACD 指标线会持续地运行于 0 轴下方，只要 MACD 指标线与 0 轴之间的这种位置关系不发生改变，则下跌趋势就会保持下去。

图 9-12 为福田汽车（600166）2008 年 1 月 16 日至 2008 年 12 月 9 日期间走势图，在 MACD 指标窗口中，我们用虚线标注了 0 轴所在位置，可以看到，此期间的 MACD 指标线持续地运行于 0 轴下方，这正是 MACD 指标对于此股当前正处于下跌趋势运行中的直观反映。

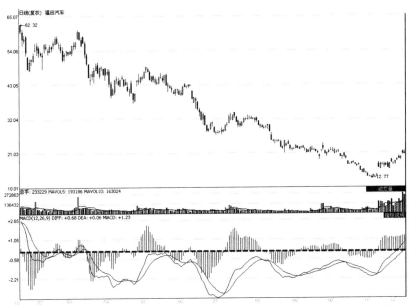

图 9-12　福田汽车（600166）2008 年 1 月 16 日至 2008 年 12 月 9 日期间走势图

四、用 MACD 把握趋势反转

当股市或个股经历了长期大涨而进入高位震荡区后，若此时的 MACD 指标线开始频频跌破 0 轴且在较长时间内运行于 0 轴下方，则说明此区域极有可能成为趋势反转下行前的顶部区，因而，在此震荡过程中，我们应尽早逢高卖股出局，以免出现高位套牢的窘境。

图 9-13 为紫江企业（600210）2009 年 3 月 31 日至 2010 年 3 月 17 日期间走势图，此股在大幅上涨后的高位区出现了震荡滞涨走势，且同期的 MACD 指标线开始向下跌破 0 轴并且长时间地运行于 0 轴下方。这是顶部正构筑的信号，也是趋势将反转下行的信号，我们应及时卖股离场。

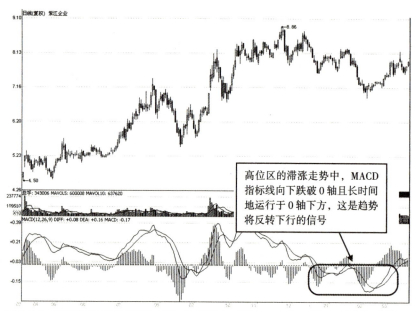

高位区的滞涨走势中，MACD 指标线向下跌破 0 轴且长时间地运行于 0 轴下方，这是趋势将反转下行的信号

图 9-13 紫江企业（600210）2009 年 3 月 31 日至 2010 年 3 月 17 日期间走势图

当股市或个股经历了长期大跌而进入低位止跌区后，若此时的 MACD 指标线开始向上突破 0 轴且在较长时间内站稳于 0 轴上方，则说明此区域极有可能成为趋势反转上行前的底部区，因而，在此止跌震荡走势中，我们应及时逢低买股布局。

图 9-14 为金地集团（600383）2008 年 3 月 27 日至 2009 年 2 月 9 日期间走势图，此股在大幅下跌后的低位区出现了企稳回升的走势，且同期的 MACD 指标线开始向上突破 0 轴，且长时间地站稳于 0 轴上方。这是底部正构筑的信号，也是趋势将反转上行的信号，我们应及时买股布局。

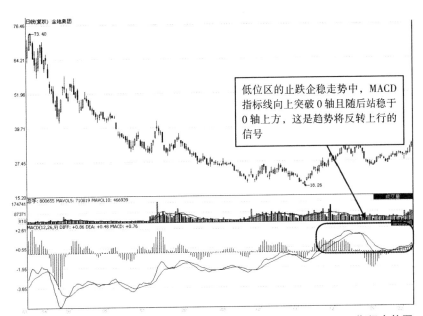

低位区的止跌企稳走势中，MACD
指标线向上突破 0 轴且随后站稳于
0 轴上方，这是趋势将反转上行的
信号

图 9-14　金地集团（600383）2008 年 3 月 27 日至 2009 年 2 月 9 日期间走势图

五、用 MACD 把握低吸高抛点

一般来说，MACD 的金叉形态可以作为短线买股信号，死叉形态则可以作为短线卖股信号。所谓的金叉形态就是指 MACD 指标窗口中的 DIFF 线由下向上交叉并穿越 DEA 线；死叉形态则指 DIFF 线由上向下交叉并穿越 DEA 线。下面我们结合实例来看看如何利用 MACD 指标的金叉形态与死叉形态进行短线操作。

图 9-15 为上海汽车（600104）2009 年 4 月 15 日至 2009 年 11 月 16 日期间走势图，如图所示，此股在上升途中的盘整走势后、回调走势后，均出现了 MACD 指标的金叉形态，一般来说，此情况下的金叉形态多预示着短期整理走势或回调走势的结束，也是新一波上涨行情即将展开的信号，此时，我们可以实施短线买股操作。

图 9-16 为陕天然气（002267）2009 年 6 月 5 日至 2010 年 5 月 21 日期间走势图，如图所示，此股在震荡持续的走势中出现了一波快速上涨，随后，在震荡区的高点位置处，DIFF 线向下交叉并穿越 DEA 线，这预示着短期的上涨已无力维持，我们应逢高卖股离场。

图 9–15　上海汽车（600104）2009 年 4 月 15 日至 2009 年 11 月 16 日期间走势图

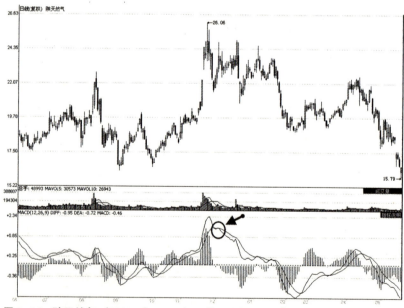

图 9–16　陕天然气（002267）2009 年 6 月 5 日至 2010 年 5 月 21 日期间走势图

第三节 上升趋势线与下降趋势线

本节要点概览

1. 什么是趋势线

2. 上升趋势线的角度变化

3. 顶部区支撑位向阻力位转化

4. 底部区阻力位向支撑位转化

节前概述

趋势线也是一种重要的趋势分析工具。趋势线可以直观、形象地体现出趋势的波动运行过程，它有助于我们不被个股的波动走势所迷惑，从宏观的角度来把握趋势运行情况，此外，趋势线也有助于我们进行实盘交易。

一、什么是趋势线

在个股的波动上扬走势中，将相邻的两个回调后的低点进行连线，即可得到上升趋势线。上升趋势线的主要作用是反映上升途中的支撑位置。在个股的波动下降走势中，将相邻的两个反弹后的高点进行连线，即可得到下降趋势线。下降趋势线的主要作用是反映下跌途中的阻力位置。

图9-17为东方园林（002310）2009年12月9日至2010年12月14日期间走势图，如图标注所示，将此股波动上扬走势中的相邻低点进行连接，我们就可以得到一条指示此股趋势运行状态的上升趋势线。这一趋势线除了直观地体现此股的上升趋势这种运行状态，我们还可借助于它进行买卖操作。

一般来说，当个股经短期的大幅上涨后，股价会向上明显远离趋势线，随后，个股会有再度向下靠拢趋势线并寻求支撑的需要，此时，我们可以进行阶段性的高抛操作。

反之，当个股经一波回调走势而向下靠拢上升趋势线后，由于趋势线对个股的上扬有较强的支撑作用，因而，此时我们可以进行阶段性的低吸操作。

图 9-17　东方园林（002310）2009 年 12 月 9 日至 2010 年 12 月 14 日期间走势图

　　图 9-18 为湘电股份（600416）2007 年 10 月至 2008 年 10 月期间走势图，如图标注所示，将此股波动下降走势中的相邻高点进行连接，我们就可以得到一条指示此股趋势运行状态的下降趋势线。这一趋势线除了直观地体现此股的下降

图 9-18　湘电股份（600416）2007 年 10 月至 2008 年 10 月期间走势图

趋势这种运行状态，我们还可借助于它进行买卖操作。

一般来说，当个股经短期的大幅下跌后，股价会向下明显远离趋势线，随后，个股会有再度向上靠拢趋势线的倾向，此时，我们可以结合个股的短期跌幅、跌速、同期市场环境等因素进行短线买入操作以博取短期反弹行情。

当个股经一波反弹上涨至下降趋势线附近时，由于趋势线对个股的反弹有较强的阻挡作用，因而，此时我们可以进行卖股操作。

小提示

趋势线只适用于分析波动运行过程相对规律的个股，若个股在运行过程中的上下振幅较大，则此时应结合 MACD、移动平均线来综合分析。

二、上升趋势线的角度变化

上升趋势是一个相对漫长的过程，相对于下跌趋势来说，它的运行节奏并非一成不变的，这种节奏的变化就体现为升势不断加速、上升趋势线角度不断变陡。在实盘操作中，我们应结合个股在上升趋势中的这种变化，及时地调整原有的趋势线，这样才可以更为准确地反映当前的趋势运行情况。

图 9-19 为方兴科技（600552）2009 年 2 月至 2010 年 3 月期间走势图，此股的上升过程就经历了这种由缓到陡的变化，与之相对应的上升趋势线也经历了这一变化，一般来说，当个股累计涨幅较大且上升趋势线的角度也较为陡峭时，往往也就是升势即将见顶之时，此时，我们应注意高位区的风险。

小提示

著名角度线大师江恩认为：45 度角的上涨走势最为牢靠。角度过于陡峭，则不能持久，往往容易很快转变趋势；角度过于平缓，则显示出力度不够，这样的个股难有大行情。

图 9-19　方兴科技（600552）2009 年 2 月至 2010 年 3 月期间走势图

三、顶部区支撑位向阻力位转化

上升趋势线的作用在于体现支撑点位，但是当升势见顶后，原有的支撑点位就会反过来成为价格反弹上涨时的阻力位，因而，在股市或个股大幅上涨后的高位区，我们应注意上升趋势线由支撑线转而变为阻力线的这种角色的转变，因为，这预示着升势的见顶，也同时预示着反转下跌行情即将展开。图 9-20 标示了上升趋势线在顶部区由原来的支撑作用转变为阻力作用的过程。

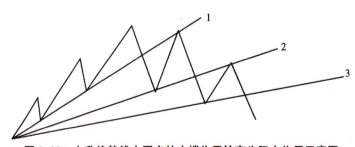

图 9-20　上升趋势线由原来的支撑作用转变为阻力作用示意图

四、底部区阻力位向支撑位转化

下降趋势线的作用在于体现阻力点位，但是当跌势见底后，原有的阻力点位就会反过来成为价格回调下跌时的支撑点位，因而，在股市或个股大幅下跌后的低位区，我们应注意下降趋势线由阻力线转而变为支撑线的这种角色转变，因为，这预示着跌势的见底，也同时预示着反转上涨行情即将展开。图 9-21 标示了下降趋势线在底部区由原来的阻力作用转变为支撑作用的过程。

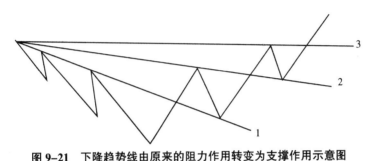

图 9-21　下降趋势线由原来的阻力作用转变为支撑作用示意图

第四节　周 K 线中把握多空整体实力

本节要点概览

1. 多头市场下的周 K 线形态

2. 空头市场下的周 K 线形态

节前概述

周 K 线摒弃了价格在一周内的波动细节，也过滤掉了市场因偶然因素而出现的无规则波动，它有助于我们从一个更长的时间尺度内看清市场多空整体实力情况，是我们识别趋势运行状态的一种重要分析工具。

一、多头市场下的周 K 线形态

当多方占据了市场主导地位后，此时的股市或个股会在充足的买盘资金推动下步入升势，在这个多方力量明显占优的市场环境下，多空双方经过一周的交锋，虽然空方也许会在其中的某一交易日偶有小胜，但一般来说，多方在总体上会取得一定的胜果，毕竟多方力量已总体占优。因而，在周 K 线图上，会呈现出连续的小阳线及经常性的大阳线。

连续的小阳线说明多方攻势不急不缓，经常性的大阳线则是多方加速进攻的体现，通过周 K 线的这种形态特征，我们就可以很好地把握当前市场多空力量的对比情况，进而把握趋势运行状态。

图 9-22 为上证指数 2006 年 4 月至 2007 年 10 月期间周 K 线走势图，股市在此期间处于上升趋势中，这也是多方力量占主导地位的市场环境，从这张周 K 线图中可以看到，它是以连续的小阳线及经常性的大阳线为主要特征的。虽然同期也偶有周阴线出现，但这种周阴线并不具有连续性，也没有破坏股市的上升节奏。

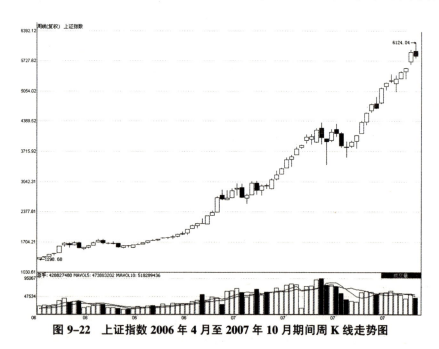

图 9-22　上证指数 2006 年 4 月至 2007 年 10 月期间周 K 线走势图

二、空头市场下的周 K 线形态

当空方占据了市场主导地位后，此时的股市或个股会因买盘不足、抛压较重而步入跌势，在这个空方力量明显占优的市场环境下，多空双方经过一周的交锋，虽然多方也许会在其中的某一交易日偶有小胜，但一般来说，空方在总体上会取得一定的胜果，毕竟空方力量已总体占优。因而，在周K线图上，会呈现出连续的小阴线及经常性的大阴线。

连续的小阴线说明空方打压并同时有减弱迹象，经常性的大阳线则是抛盘集中涌出、空方加速进攻的体现，通过周K线的这种形态特征，我们就可以很好地把握当前市场多空力量的对比情况，进而把握趋势运行状态。

图9-23为上证指数2007年9月至2008年11月期间周K线走势图，股市在此期间处于下跌趋势中，这也是空方力量占主导地位的市场环境，从这张周K线图中可以看到，它是以连续的小阴线及经常性的大阴线为主要特征的。虽然同期也偶有周阳线出现，但这种周阳线只是短期反弹走势的预示，并没有破坏股市的下跌节奏。

图9-23　上证指数2007年9月至2008年11月期间周K线走势图

小提示

周K线有助于我们判断市场多空力量的整体对比情况，它更适用于投资者的中线操作，对短期操作的指导性相对较差。

第十章　K线与量能，把握低吸高抛时机

　　K线与成交量是最常用也是最重要的技术分析数据。利用典型的K线形态、量能形态，我们可以较为精准地把握低吸高抛的时机，从而实现在股价波动中获取短线利润。在第五章的第四节"量在价先的买卖方法——量价理论"中，我们已较为系统地阐述了量价配合关系，本章中，我们在讲解典型K线形态的基础之上，将进一步介绍A股市场中的一些典型量能形态。

- ● 单日K线形态
- ● 两日K线组合形态
- ● 多日K线组合形态
- ● 脉冲式放量形态
- ● 放量涨停突破形态

第一节　单日K线形态

本节要点概览

1. 射击之星

2. 宽幅震荡的大阴线

3. 锤子线

4. 螺旋桨

节前概述

单根 K 线的影线与实体都蕴含了一定的市场含义，它们是多空交锋过程、交锋结果的体现。在实盘操作中，单日 K 线形态可以帮助我们进行短线买卖操作。本节中，我们讲解几种典型的单根 K 线形态，以求起到抛砖引玉的作用。

一、射击之星

射击之星是上影线极长、没有实体或实体很短的单根 K 线形态。这种形态多出现在一波上涨走势后的阶段性高点，是空方开始集中抛售的信号，多预示着短期内将有深幅调整走势出现，是我们应及时卖股离场的信号。

图 10-1 为光明乳业（600597）2010 年 8 月 18 日至 2011 年 1 月 25 日期间走势图，如图所示，此股在此期间的震荡走势特征明显，在经短期内的一波震荡上扬后，于阶段性的高点出现了一个射击之星形态，这预示着短期上涨的结束及随后调整走势即将展开，是我们短线获利后应卖股离场的时机。

图 10-1　光明乳业（600597）2010 年 8 月 18 日至 2011 年 1 月 25 日期间走势图

二、宽幅震荡的大阴线

宽幅震荡的大阴线是指实体较长而且还有上下影线（或下影线较长）的阴线形态。这种形态是多空双方分歧加剧、空方抛压极重的表现，也是多方力量较弱的体现，如果这种形态出现在一波持续上涨走势后的高位区，则多预示着多方在短期内难以再度推升价格上涨，而空方则极有可能展开大力度的打压，是一波深幅调整走势即将出现的信号。

图 10-2 为上证指数 2009 年 5 月 5 日至 2009 年 9 月 28 日期间走势图，此股在持续上涨过程中，于高位区出现了一个宽幅震荡的大阴线形态，这是升势将告一段落的标志，此时，我们应及时地获利出局。

图 10-2　上证指数 2009 年 5 月 5 日至 2009 年 9 月 28 日期间走势图

三、锤子线

锤子线是下影线较长、实体极短或没有、上影线极短或没有的单日 K 线形态，它可以是小阴线，也可以是小阳线，这并不影响它的市场含义。当锤子线出现在阶段性的低点时，多是空方无力打压、多方在积极承接的标志，预示着一波反弹走势即将展开，此时，我们可以积极地进行短线买股操作。

图10-3为西藏旅游（600749）2010年4月19日至2010年9月8日期间走势图，如图所示，此股在一波深幅调整后的低点出现了一个下影线较长的小阳线形态，这是锤子线，可以作为我们短线买股的信号。

图10-3 西藏旅游（600749）2010年4月19日至2010年9月8日期间走势图

四、螺旋桨

螺旋桨是上下影线均较长而且实体相对较短的K线形态，它是多空双方分歧过于明显的表现，当其出现在阶段性的高点时，多预示着一波回调走势将展开。

图10-4为中国医药（600056）2010年6月25日至2010年9月29日期间走势图，此股在震荡走势中的阶段性高点出现了螺旋桨形态，这是个股短期内将有回调走势出现的信号，此时，我们可以做短线卖股操作。

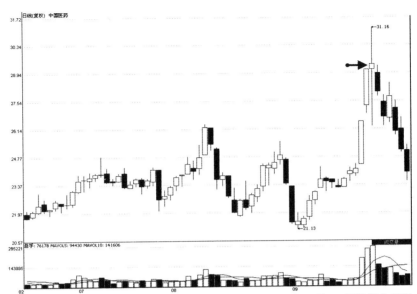

图 10-4　中国医药（600056）2010 年 6 月 25 日至 2010 年 9 月 29 日期间走势图

小提示

　　单日 K 线只反映了某一交易日的多空交锋情况，在运用它进行短线操作时，我们一定要结合个股的阶段性走势情况，只有这样，才能更为准确地解读这一形态所蕴含的市场含义。

第二节　两日 K 线组合形态

本节要点概览

1. 乌云盖顶

2. 次日低开下破线

3. 抱线

4. 孕线

5. 高开低走大阴携小阴线

6. 次日高开上破线

节前概述

双日 K 线也是我们短线操作时应重点关注的形态，利用典型的双日组合形态，我们可以更及时地了解到多空力量的短期转变，从而把握阶段性的高点与低点。

一、乌云盖顶

乌云盖顶是由前面一根大阴线，后面一根高开低走的大阴线组合而成，而且后面的大阴线收盘价深深地嵌入到前面一根阳线的实体内部。

这种形态是多方上攻受阻、空方抛压突然增强的信号，它经常性地出现在个股经一波上涨后的高点，是短期上涨走势结束、深幅调整走势即将展开的信号，此时，我们应及时地卖股，以规避短期回调风险。

图 10-5 为苏州高新（600736）2009 年 8 月 26 日至 2010 年 1 月 7 日期间走势图，此股在一波持续上涨后，于上升途中出现了一个乌云盖顶形态，这说明空方的打压力度突然增强，是个股短期内难以再度强势推动的信号，此时，我们可以进行短线卖股操作。

图 10-5 苏州高新（600736）2009 年 8 月 26 日至 2010 年 1 月 7 日期间走势图

二、次日低开下破线

次日低开下破线是一种转势较快的短期反转形态，多出现在一波快速上涨走势中。它由前面一根阳线，后面一根低开低走且收盘价低于上一日最低价的大阴线组合而成。这种形态可以看作是主力资金在短期内有打压出货意愿的体现，是个股短期下跌速度将较快的信号，也是我们应第一时间进行短线卖股操作的信号。

图 10-6 为鲁银投资（600784）2010 年 7 月 1 日至 2010 年 10 月 14 日期间走势图，如图所示，此股在一波快速上涨后的高点位出现了次日低开下破线的双日组合形态，这是主力资金突然反手做空、打压出货的体现。我们应及时卖股离场，以规避个股短期快速下跌所带来的风险。

图 10-6　鲁银投资（600784）2010 年 7 月 1 日至 2010 年 10 月 14 日期间走势图

三、抱线

抱线是一种前短后长的组合形态，而且后面 K 线的最高价高于前面一根 K 线，后面一根 K 线的最低价则低于前面一根 K 线。其形态上好像后面一根长 K

线抱住了前面一根短K线，故称为抱线。

抱线有两种，一种是看涨抱线，它是前阴后阳的抱线，多出现在阶段性的低点，是多方短期将展开攻势的信号，可以作为短线买股信号；另一种是看跌抱线，它是前阳后阴的抱线，多出现在阶段性的高点，是空方短期将展开强势打压的信号，可以作为短线卖股信号。

图10-7为宁波韵升（600366）2010年9月16日至2010年11月16日期间走势图，如图标注所示，当此股经一波快速上涨后，在阶段性的高点，此股出现一个形态鲜明的看跌抱线形态。这是空方力量突然增强的体现，预示着短期回调走势将出现，此时就是我们的短线卖股时机。

图10-7　宁波韵升（600366）2010年9月16日至2010年11月16日期间走势图

图10-8为黑牡丹（600510）2010年3月29日至2010年8月9日期间走势图，如图标注所示，当此股经一波快速下跌后，在阶段性的低点，此股出现了一个看涨抱线形态。这是多方力量突然增强的体现，预示着短期反弹上涨走势将出现，此时是我们的短线买股时机。

图 10-8　黑牡丹（600510）2010 年 3 月 29 日至 2010 年 8 月 9 日期间走势图

四、孕线

　　孕线是一种前长后短的组合形态，而且前面 K 线的最高价高于后面一根 K 线，前面 K 线的最低价则低于后面一根 K 线。其形态上好像后面一根短 K 线孕于前面一根长 K 线之中，故称为孕线。

　　孕线有两种，一种是阳孕线，它是前阴后阳的孕线，多出现在阶段性的低点，是多方力量开始增加的信号，如果随后的价格走势也有企稳，则可以进入短线买股操作；另一种是阴孕线，它是前阳后阴的孕线，多出现在阶段性的高点，是多方无力推升、空方力量开始增强的信号，一般来说，阶段性高点的阴孕线所预示的短期回调倾向更强烈，因而，在其出现后，我们应及时进行短线卖股操作。

　　图 10-9 为金发科技（600143）2010 年 5 月 24 日至 2010 年 7 月 30 日期间走势图，如图所示，此股一波回调走势后的阶段性低点出现了一个前长后短、前阴后阳的阳孕线形态，这是多方力量有增强迹象的体现，往往预示着一波反弹上涨行情将出现，此时，我们可以适当地进行短线买股操作。

图 10-9　金发科技（600143）2010 年 5 月 24 日至 2010 年 7 月 30 日期间走势图

图 10-10 为阳光照明（600261）2010 年 10 月 25 日至 2011 年 1 月 20 日期间走势图，如图所示，此股持续震荡上扬后的高点出现了一个前长后短、前阳后阴的阴孕线形态，这是空方力量有增强迹象的体现，往往预示着一波回调下跌行

图 10-10　阳光照明（600261）2010 年 10 月 25 日至 2011 年 1 月 20 日期间走势图

情将出现，此时，我们可以适当地进行短线卖股操作。

五、高开低走大阴携小阴线

高开低走大阴携小阴线是指前面一根 K 线为高开低走的大阴线，后面一根 K 线则是实体相对短小的阴线。当这种形态出现在阶段性的高点时，是多方无力上攻、空方已展开打压的信号，此时，我们可以短线买股。在应用这一形态时，我们应注意：前面一根高开低走的大阴线应是实体相对较长的大阴线。

图 10-11 为中金黄金（600489）2010 年 7 月 15 日至 2010 年 11 月 17 日期间走势图，此股在持续上涨后的高位区出现了震荡走势，并且在震荡过程中出现了"高开低走大阴携小阴线"的组合形态，这是个股短期难以突破上行、破位下行概率则较大的标志，我们可以进行短线卖股操作。

图 10-11　中金黄金（600489）2010 年 7 月 15 日至 2010 年 11 月 17 日期间走势图

六、次日高开上破线

次日高开上破线是一种转势较快的短期反转形态，多出现在一波快速下探走势中。它由前面一根阴线，后面一根高开高走且收盘价高于上一日最高价的大阳线组合而成。这种形态可以看作是主力资金在短期内有意强势拉升个股的体现，是个股短期上涨速度将较快的信号，也是我们应第一时间进行短线买股操作的信号。

图 10-12 为 ST 精伦（600355）2009 年 6 月 10 日至 2009 年 9 月 17 日期间走势图，如图所示，此股在一波快速下跌走势中出现了一个次日高开上破线的组合形态，这是主力资金突然反手做多、对个股进行强势拉升的体现。对于短线操作来说，我们不妨在第一时间进行积极地追涨操作，以获取短期利润。

图 10-12 ST 精伦（600355）2009 年 6 月 10 日至 2009 年 9 月 17 日期间走势图

第三节 多日K线组合形态

本节要点概览

1. 多方炮

2. 空方炮

3. 红三兵

4. 黑三鸦

5. 二次探高上影线

6. 二次探低下影线

节前概述

我们可以将三日或数日的 K 线组合形态统称为多日 K 线组合形态。多日 K 线组合形态往往可以更为准确地反映出市场短期内的多空力量真实转变情况，是我们进行短线操作时的重要帮手。本节中，我们就来看看如何利用多日 K 线组合形态进行短期交易。

一、多方炮

多方炮是两阳夹一阴的三日组合形态，两根阳线的实体相对较长、中间的阴线则相对短小（中间的一根 K 线也可以是小阳线），两根阳线出现的当日往往还伴有量能的放大，这是买盘资金较充足的体现。当这种三日组合形态出现在盘整突破区或是一波上涨走势初期，则是多方开始进攻的信号，可以进行短线买股操作。

图 10–13 为紫金矿业（601899）2010 年 7 月 8 日至 2010 年 10 月 25 日期间

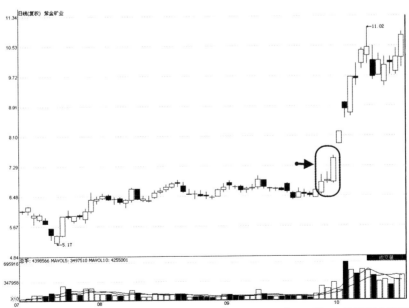

图 10–13　紫金矿业（601899）2010 年 7 月 8 日至 2010 年 10 月 25 日期间走势图

走势图，此股在长期盘整后，于盘整突破位置处出现一个多方炮形态，这是多方将发起攻击的信号，也是个股将突破上行的标志，此时，我们可以进行短线买股操作。

二、空方炮

空方炮是两阴夹一阳的三日组合形态，两根阴线的实体相对较长、中间的阳线则相对短小（中间的一根 K 线也可以是小阴线），两根大阴线隔日出现，表明空方抛压持续性较强，多方则无反手还击能力。当这种三日组合形态出现在盘整后的向下破位区或是一波下跌走势初期，则是空方开始进攻的信号，可以进行短线卖股操作。

图 10-14 为新疆城建（600545）2010 年 7 月 30 日至 2011 年 1 月 25 日期间走势图，此股在长期盘整后，于盘整区的低点出现一个空方炮形态，这是空方力量依然牢牢占据主导地位的体现，也是个股随后极有可能破位下行的标志，此时，我们不可以进行短线买股操作，对于手中持股者，则应减低仓位或清仓出局，以规避个股破位下行的风险。

图 10-14　新疆城建（600545）2010 年 7 月 30 日至 2011 年 1 月 25 日期间走势图

三、红三兵

红三兵由三根中小阳线组合而成，是多方力量相对占优的表现，如果在红三兵形态出现时，个股正处于阶段性的低点或是盘整突破处，而且红三兵三日还有温和放大的成交量配合，则多表明买盘较为充足、一波上涨行情即将出现，可以作为我们短线买股布局的信号。

图 10-15 为飞乐音响（600651）2009 年 9 月 22 日至 2009 年 11 月 25 日期间走势图，如图标注所示，此股在盘整突破位置处，出现了一个温和放量的红三兵形态，这是多方力量占优的表现，也是个股短期上涨可期的表现，此时，我们可以适当地进行短线买股操作。如果这一盘整区是位于价格整体循环中的相对低位，则它还可作为我们中长线买股布局的信号。

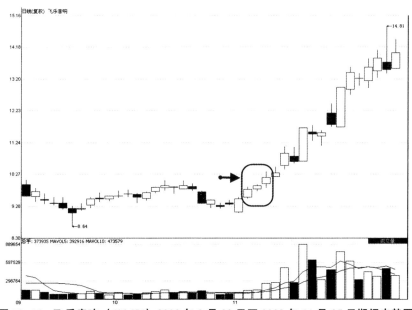

图 10-15　飞乐音响（600651）2009 年 9 月 22 日至 2009 年 11 月 25 日期间走势图

四、黑三鸦

黑三鸦由三根中小阴线组合而成，是空方力量相对占优的表现，如果在黑三鸦形态出现时，个股正处于阶段性的高点或是盘整后的向下破位处，则多表明一波下跌走势将展开，可以作为我们短线卖股出局的信号。

图10-16为交运股份（600676）2010年7月21日至2010年11月17日期间走势图，如图标注所示，此股在一波上涨后的高点处，出现了连续三日中小阴线的黑三鸦形态，而且这三个交易日的成交量还相对较大，这是抛压较沉重的体现，也是个股短期内难以再度上行的标志，此时，我们可以短线卖股。

图10-16　交运股份（600676）2010年7月21日至2010年11月17日期间走势图

五、二次探高上影线

二次探高上影线形态是指在个股持续上涨后的高位区出现震荡走势，在震荡过程中，当个股第二次探至阶段性的高点时，却出现了一个上影线较长的K线（既可以是阳线，也可以是阴线）。这是个股难以突破上行，短期内仍将再度跌至震荡区的信号，我们应及时地逢高卖股。

图10-17为工大高新（600701）2010年5月7日至2010年12月29日期间走势图，此股在震荡上扬后的高位区出现了明显的震荡走势，在震荡过程中，当此股第二次探至阶段性的高点时，可以看到，出现了一个长长的上影线阴线形态。这就是"二次探高上影线"形态，此时，我们应及时卖股离场。

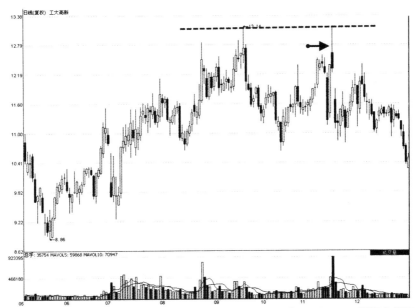

图 10-17　工大高新（600701）2010 年 5 月 7 日至 2010 年 12 月 29 日期间走势图

六、二次探低下影线

　　二次探低下影线形态是指在个股持续下跌后的相对低位区出现震荡走势，在震荡过程中，当个股第二次探至阶段性的低点时，出现一个下影线较长的 K 线（既可以是阳线，也可以是阴线）。这是个股难以再度破位下行的体现，可以作为我们短线买股的时机。

　　图 10-18 为南京医药（600713）2010 年 4 月 30 日至 2010 年 9 月 8 日期间走势图，此股在快速震荡下跌后的低点出现了横向震荡的走势，在震荡过程中，当此股第二次探至阶段性的低点时，可以看到，出现了一个长长的下影线阴线形态。这就是"二次探低下影线"形态，此时，我们可买股布局。

图 10—18　南京医药（600713）2010 年 4 月 30 日至 2010 年 9 月 8 日期间走势图

第四节　脉冲式放量形态

本节要点概览

1. 什么是脉冲式放量

2. 上升途中的脉冲式放量

3. 盘整高点的脉冲式放量

4. 下跌途中的脉冲式放量

5. 反弹高点的脉冲式放量

节前概述

　　脉冲式放量是一种常见的量能形态，也是对我们预测价格走势作用极大的一种形态。它可以出现在价格走势的不同阶段，但一般来说，它是个股短期或中期下跌走势即将展开的信号，在实盘中，可以作为我们中短线的卖股信号。本节中，我们就来看看如何利用脉冲式量能形态进行买卖操作。

一、什么是脉冲式放量

脉冲式量能形态是成交量单日或双日突然性大幅放出，又突然性恢复如初的形态，在成交量突然大增的一两个交易日中，其放量效果往往可以达到前期均量的 3 倍以上。这种放量形态在成交量的柱形图中犹如电子脉冲一般，突然地闪现，随后又突然地消失，故将其称为脉冲式放量。下面我们结合价格的实际走势情况，来看看脉冲式放量出现的原因及后期走势。

二、上升途中的脉冲式放量

上升途中的脉冲式放量多是主力资金进行阶段性减仓的体现，如果在脉冲放量前，个股出现了一波快速的上涨，则这一脉冲放量形态往往就是个股阶段性高点出现的标志，也是短期内一波调整行情将出现的信号，此时，我们可以进行短线卖股操作。

图 10-19 为京能置业（600791）2009 年 2 月 19 日至 2009 年 8 月 19 日期间走势图，如图标注所示，此股在震荡上扬走势中，于一波上涨走势中的高点出现了一个单日量能大幅放出的脉冲式放量形态，这说明短期升势将受阻，此时，我

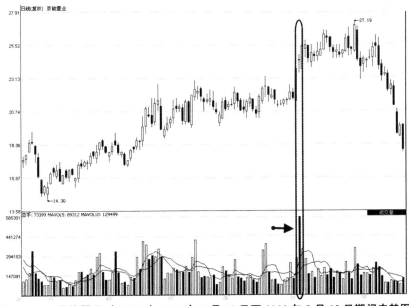

图 10-19　京能置业（600791）2009 年 2 月 19 日至 2009 年 8 月 19 日期间走势图

们宜进行短线卖股操作。

图 10-20 为南海发展（600323）2009 年 9 月 3 日至 2010 年 4 月 12 日期间走势图，如图所示，此股在上升途中出现了一个形态鲜明的脉冲放量形态，在这一脉冲放量形态之后，此股也随之出现了调整，可以说，脉冲放量是预示着个股短期调整走势将展开的准确信号。

图 10-20　南海发展（600323）2009 年 9 月 3 日至 2010 年 4 月 12 日期间走势图

小提示

一般来说，在个股累计涨幅较小的情况下，这种脉冲式放量形态只是短期调整的信号，对整体的升势并无太大的影响。因而，在实盘操作中，我们还应做好在随后的回调低点买股的准备。

三、盘整高点的脉冲式放量

盘整高点的脉冲式放量往往是主力对倒出货手法的体现，在盘整高点处，主力通过自卖自买的方式来制造一种放量上涨的鲜明形态，以此吸引追涨盘买入，而主力则借机进行出货。由于对倒会增加主力的持仓成本，因而，主力只会在一两个交易日内实施对倒操作，这也正是脉冲式放量形态出现的原因。

图 10-21 为华闻传媒（000793）2009 年 7 月 21 日至 2010 年 5 月 28 日期间走势图，此股在持续上涨后的高位区出现了震荡走势，如图中标注所示，在盘整震荡过程中，此股在震荡高点出现了量能双日大幅度放出的形态，这是主力资金对倒出货手法的体现，也是个股难以突破上行的标志，此时，我们应及时地逢高卖股。

图 10-21　华闻传媒（000793）2009 年 7 月 21 日至 2010 年 5 月 28 日期间走势图

图 10-22 为道博股份（600136）2009 年 6 月 5 日至 2010 年 5 月 20 日期间走势图，如图所示，此股在大涨后的高位区出现了长时间的宽幅震荡走势，随着震荡走势的持续，在箱体上沿位置处，我们可以看到一个单日量能大幅度放出的脉冲式形态，此时，无论于长于短，我们都应进行卖股操作。

小提示

真实的放量突破形态要有量能的连续放大来支撑，这是买盘真实可靠，而且加速流入个股的标志，也是个股突破行情得以出现的标志。

图10-22　道博股份（600136）2009年6月5日至2010年5月20日期间走势图

四、下跌途中的脉冲式放量

下跌途中的脉冲式放量形态是指在个股的一波快速下跌走势中，特别是处于高位反转下行的一波下跌走势或是整体跌势已确立后的趋势行进中的一波下跌走势所出现的脉冲式放量形态。一般来说，脉冲放量当日，个股往往处于下跌状态，这是市场抛压仍旧较重、跌势仍将持续的标志，此时，即使个股已经创出了近期新低，但我们仍不宜抄底买股。

图10-23为中国平安（601318）2008年2月13日至2008年9月17日期间走势图，此股在下跌途中的一波下跌走势中，出现了单日量能大幅度放出的阴线形态，这是空方抛压依然沉重的信号，虽然此股前期的跌幅已经不小，但此时，我们却不宜抄底入场，而应耐心等待止跌企稳走势的出现。

五、反弹高点的脉冲式放量

反弹高点的脉冲式放量形态是指在个股震荡下跌走势中或是下跌途中，在一波反弹上涨走势中，于反弹走势中的高点出现的脉冲式量能形态。一般来说，这种量能形态多是个股短期反弹走势结束的信号，也是我们应卖股离场的信号。

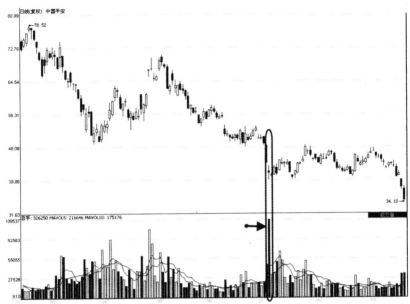

图 10-23　中国平安（601318）2008 年 2 月 13 日至 2008 年 9 月 17 日期间走势图

　　图 10-24 为新湖中宝（600208）2009 年 10 月 30 日至 2010 年 9 月 27 日期间走势图，此股在震荡下跌的过程中出现了一波力度相对较大的反弹行情，随

图 10-24　新湖中宝（600208）2009 年 10 月 30 日至 2010 年 9 月 27 日期间走势图

后，如图中箭头标注所示，于反弹高点出现了一个脉冲式放量形态，这预示着短期反弹走势的结束，也是我们应及时卖股离场的信号。

第五节　放量涨停突破形态

放量涨停突破形态是我们短线买股的最佳形态之一，因为，它往往是短线黑马诞生的信号。所谓的放量涨停突破形态是指个股在经历了较长时间的盘整震荡之后，于某个交易日突然以涨停板的方式启动，而且当日量能相对放大、涨停价几乎就是盘整区的上沿位置处。

在应用这种形态进行操作时，我们应关注个股的前期累计涨幅，如果个股前期累计涨幅较小，从中长线的角度来看，盘整区仍是一个相对的低位区，那么，此股的这种放量涨停突破形态就更为可靠，个股短期的上涨力度也往往更强；反之，如果个股前期累计涨幅极大，之前的盘整区正处于中长线角度上的高位区，那么，此股的这种放量涨停突破形态其可靠性就较差，短期的上涨力度也往往较为有限，这一点是值得我们特别注意的。

图 10-25 为莲花味精（600186）2009 年 6 月 12 日至 2009 年 11 月 25 日期间走势图，如图所示，此股在经历了长期的盘整走势后，以一个相对放量的涨停板形式实现了对此盘整区的突破，这是主力资金开始强势拉升个股的信号，也是市场做多动能充足的体现。由于此股前期的横盘整理时间较长，整理得也较为充分，因而，个股在突破后的上涨行情还是值得期待的，在实盘操作中，我们应在第一时间内追涨买入，以免错失良机。

图 10-26 为兖州煤业（600188）2010 年 5 月 20 日至 2010 年 11 月 10 日期间走势图，此股在长期的盘整后，同样以一个相对放量的涨停板实现了对这一盘整区的突破，此时，我们可以积极地追涨买入。

图 10-25　莲花味精（600186）2009 年 6 月 12 日至 2009 年 11 月 25 日期间走势图

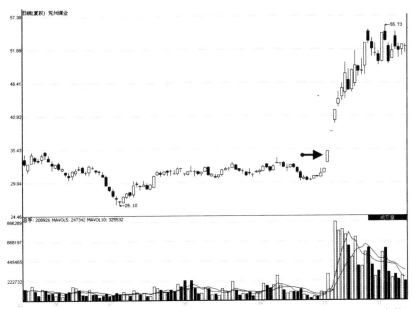

图 10-26　兖州煤业（600188）2010 年 5 月 20 日至 2010 年 11 月 10 日期间走势图

第十一章 反转形态，一年一次的操作

　　短线操作固然重要，但如果操作不好的话，很可能是赚一次、亏一次，来来回回数次后，也没有赚到多少利润。因而，若没有足够的经验、高超的技术，是不宜进行频繁的短线操作的。此时，我们可以从宏观的尺度上把握买卖时机，争取做到低位买入、长期持有后再高位卖出。那么，我们应如何把握住中长线尺度下的买卖时机呢？利用反转形态无疑是一种最好的选择，本章中，我们就来讲解底部区与顶部区的反转形态。

● V形底反转形态
● 双重底反转形态
● 三重底反转形态
● 头肩底反转形态
● 圆弧底反转形态
● 尖顶反转形态
● 双重顶反转形态
● 三重顶反转形态
● 头肩顶反转形态
● 圆弧顶反转形态

第一节 V形底反转形态

　　V形底是一种急速的反转形态，它出现在深幅下跌后的低位区，多是因为主力资金的拔高式操作所致，在 V 形底形态出现时，我们还会看到个股成交量的急速放大，这是 V 形底形态的典型特征。

在 V 形底形态出现时，如果我们因个股前期的持续下跌而无法判断这一波的放量上涨是下跌途中的反弹还是预示着底部出现的 V 形底，则不必在第一时间追涨买股，可以在等到 V 形底完全形成后，在其随后的企稳走势中介入。

图 11-1 为柳工（000528）2008 年 6 月 12 日至 2009 年 1 月 14 日期间走势图，此股在持续下探的过程中，出现了 V 形反转形态，在 V 形反转时，可以看到成交量的大幅度放出，随后，此股很好地保持了 V 形反转的成果，此时，V 形底形态已然确立，底部反转也趋于明确，我们可以进行中长线的买股布局操作。

图 11-1　柳工（000528）2008 年 6 月 12 日至 2009 年 1 月 14 日期间走势图

图 11-2 为厦工股份（600815）2008 年 4 月 29 日至 2009 年 1 月 12 日期间走势图，如图所示，此股在深幅下跌后，同样是以一个 V 形底形态实现了反转，在 V 形底出现时，量能的大幅放出是我们识别此形态的关键。

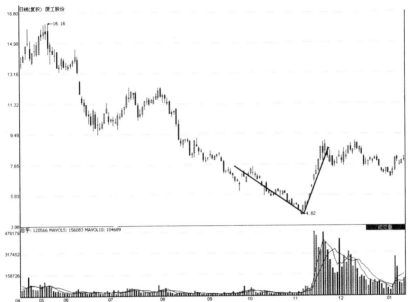

图 11-2　厦工股份（600815）2008 年 4 月 29 日至 2009 年 1 月 12 日期间走势图

第二节　双重底反转形态

双重底是价格走势二次探底的形态，其形态似大写的英文字母 W，故也称为 W 底形态。它出现在深幅下跌后的低点。图 11-3 为标准的双重底形态示意图，在这一形态中，有两方面是值得我们注意的：一是量能的变化；二是颈线的位置。

对于双重底形态构筑过程中的量能大小而言，在双重底形态的两次上涨过程中，量能应是出现较为明显的放大，而且在第二次上涨并突破颈线时，量能的放大效果往往更为明显，这是买盘充足、多方力量开始进攻的标志。

对于颈线的位置来说，它代表着双重底形态的强阻力位置，一旦个股放量突破了这一位置，则往往就预示着双重底形态构筑完毕，反转上行的走势也将展开。

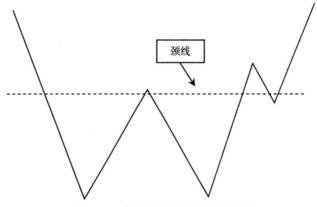

颈线

图 11-3　标准的双重底形态示意图

图 11-4 为北海港（000582）2008 年 2 月 21 日至 2008 年 12 月 22 日期间走势图，此股在深幅下跌后的低位区，出现了一个形态开阔的双重底形态，在双重底的构筑过程中，我们可以看到量能的温和放大，这是买盘资金开始持续流入个股、多方力量不再处于劣势的表现，也预示着底部区的出现。在这种双重底形态中，我们有两个较好的买点，第一个买点出现在个股二次探底之时，第二个买点出现在个股向上突破颈线时。

图 11-4　北海港（000582）2008 年 2 月 21 日至 2008 年 12 月 22 日期间走势图

图 11-5 为美尔雅（600107）2008 年 5 月 8 日至 2008 年 12 月 11 日期间走势图，此股在深幅下跌后，出现了一个震荡幅度相对较大的双重底形态，利用这一形态，我们可以及时、准确地把握住跌势的结束，从而展开在底部区买股的操作。

图 11-5　美尔雅（600107）2008 年 5 月 8 日至 2008 年 12 月 11 日期间走势图

第三节　三重底反转形态

三重底是价格走势三次探底的形态，它可以看作是双重底的变形，由于多了一次探底的过程，因而，其底部的构筑也更为牢靠，多方在底部区的能量储备也更为充分，个股后期的上升行情也往往更大。

图 11-6 为文山电力（600995）2008 年 6 月 23 日至 2009 年 2 月 6 日期间走势图，此股在低位区出现了三重底形态，三重底的出现既是个股有效止跌企稳的表现，也是趋势即将反转上行的信号。相对于双重底来说，三重底因为多了一次探底的过程，因而，我们更容易在其最低点附近实施买股操作。

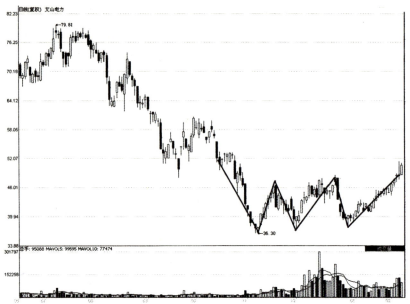

图 11-6　文山电力（600995）2008 年 6 月 23 日至 2009 年 2 月 6 日期间走势图

第四节　头肩底反转形态

　　头肩底是出现频率最高的一种底部反转形态，图 11-7 为标准的头肩底形态示意图，它由左肩、头、右肩构成，左肩与右肩基于同高，右肩的出现表明市场上的多方力量开始占优，个股难以再度破位下行。当价格走势向上突破颈线时，整个头肩底形态完全形成，一轮上涨行情也将破茧而出。

　　图 11-8 为天利高新（600339）2008 年 5 月 5 日至 2009 年 1 月 22 日期间走势图，此股在深幅下跌后的低位区出现了一个形态开阔的头肩底反转形态，这是跌势结束的标志，在实盘操作中，头肩底形态有两个较好的买点，第一个买点出现在右肩处，第二个买点则出现在个股突破颈线之时。

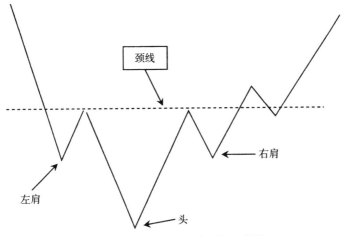

图 11-7　标准的头肩底形态示意图

图 11-8　天利高新（600339）2008 年 5 月 5 日至 2009 年 1 月 22 日

　　图 11-9 为武汉健民（600976）2008 年 5 月 14 日至 2009 年 2 月 10 日期间走势图，此股在低位区出现了一个头肩底形态，依据这一形态，我们可以预知到底部的出现，从而实施中长线的买股操作。

图 11-9　武汉健民（600976）2008 年 5 月 14 日至 2009 年 2 月 10 日期间走势图

第五节　圆弧底反转形态

　　圆弧底形似圆弧，它体现了多空力量循序渐进的转变过程。这种形态的出现往往与主力资金的积极、引导参与有关，因为仅靠散户的买卖行为，个股是很难走出这种形态优美的圆弧曲线的。一般来说，形态越开阔的圆弧底，其所预示的底部反转就越可靠。

　　图 11-10 为中珠控股（600568）2008 年 5 月 30 日至 2009 年 12 月 10 日期间走势图，此股在低位区出现了一个圆弧底形态，在圆弧底形态的右半段上涨走势中，我们可以看到量能的明显放出，这是买盘资金开始加速流入的体现。在实盘操作中，我们可以在圆弧底形态趋于明朗时，逢回调后的相对低点进行买股布局操作。

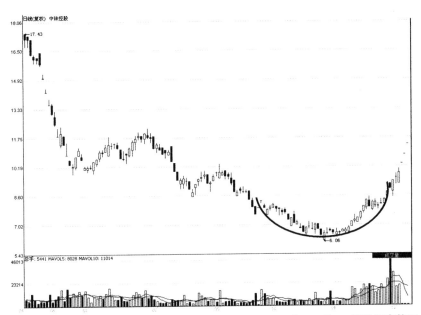

图 11-10　中珠控股（600568）2008 年 5 月 30 日至 2009 年 12 月 10 日期间走势图

图 11-11 为凯迪电力（000939）2008 年 6 月 23 日至 2008 年 12 月 23 日期间走势图，此股在低位区出现了一个完美的圆弧底，而且，在圆弧底形态的右半段走势中，成交量也明显放出，结合此股的前期跌幅，我们可以判断出，这

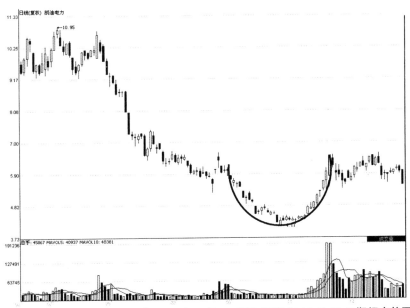

图 11-11　凯迪电力（000939）2008 年 6 月 23 日至 2008 年 12 月 23 日期间走势图

就是预示着底部反转走势出现的圆弧底。此时，即是我们进行中长线买股布局的时机。

第六节　尖顶反转形态

尖顶是一种急速的反转形态，它出现在大幅上涨后的高位区，多是因为主力资金的快速打压出货所致，在 V 尖顶形态出现前，个股往往会出现一波急速的上涨走势，而且前期累计涨幅极大，此时的尖顶可以看作是市场承接力量十分薄弱的表现，如果在尖顶出现时，成交量并没有明显放大，则说明场外买盘已近枯竭，只需少量的打压抛售即可致股价大跌，这正是升势结束、跌势即将展开的标志。

图 11-12 为中金岭南（000060）2006 年 7 月至 2008 年 2 月期间走势图，此股在持续大幅上涨后的高点位，突然出现了急速的下跌走势，其形态犹如一个倒 V 形，这正是预示着顶部出现的尖顶形态。在实盘操作中，一旦我们发觉到个股有形成尖顶的趋向或是已形成尖顶，就应尽早卖股离场，以规避风险。

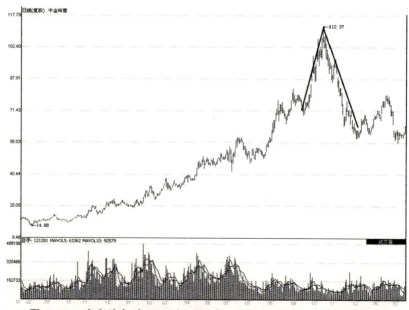

图 11-12　中金岭南（000060）2006 年 7 月至 2008 年 2 月期间走势图

　　图 11-13 为抚顺特钢（600399）2008 年 12 月至 2009 年 11 月期间走势图，此股在持续上涨后，于高点位出现了一个急速反转下行的尖顶形态，这是升势结束的标志，随后，我们应逢反弹高点进行卖股操作。

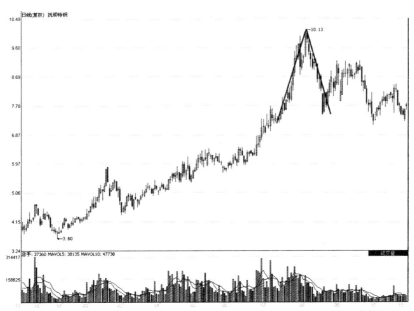

图 11-13　抚顺特钢（600399）2008 年 12 月至 2009 年 11 月期间走势图

第七节　双重顶反转形态

　　双重顶是价格走势二次探顶的形态，其形态似大写的英文字母 M，故也称为 M 顶形态。它出现在大幅上涨后的高点。图 11-14 为标准的双重顶形态示意图，在这一形态中，有两方面是值得我们注意的：一是量能的变化；二是颈线的位置。

　　对于双重顶形态构筑过程中的量能大小而言，在双重底形态的两次上涨过程中，第一次上涨时的量能往往要小于前期主升浪时的成交量，这种量价背离形态是买盘枯竭的信号，预示着顶部的出现；第二次上涨时的量能往往还要小于前一

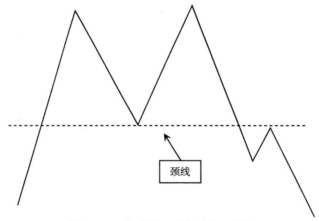

图 11-14　标准的双重顶形态示意图

次上涨时的量能，这是个股无力突破上行的典型标志。

对于颈线的位置来说，它代表着双重顶形态的强支撑位置，一旦个股向下跌破了这一位置，则往往就预示着双重顶形态构筑完毕，反转下行的走势也将展开。

图 11-15 为中国船舶（600150）2006 年 12 月至 2008 年 3 月期间走势图，此股在大幅上涨后的高位区，出现了一个形态开阔的双重顶形态，在双重顶的构筑过程中，我们可以看到量能的明显萎缩，这是买盘趋于枯竭的标志。在这种双

图 11-15　中国船舶（600150）2006 年 12 月至 2008 年 3 月期间走势图

重顶形态中，我们有两个较好的卖点，第一个卖点出现在个股二次探顶之时，第二个卖点出现在个股向下跌破颈线时。

第八节　三重顶反转形态

三重顶是价格走势三次探顶的形态，它可以看作是双重顶的变形，由于多了一次探顶的过程，因而，其顶部的构筑也更为牢靠，空方在顶部区的能量储备也更为充分，个股后期的下跌行情也往往更大。

图 11-16 为 *ST 海鸟（600634）2008 年 12 月至 2010 年 4 月期间走势图，此股在高位区出现了三重顶形态，三重顶的出现既是个股长期滞涨的表现，也是趋势即将反转下行的信号。相对于双重顶来说，三重顶因为多了一次探顶的过程，因而，我们更容易在其最高点附近实施卖股操作。

图 11-16　*ST 海鸟（600634）2008 年 12 月至 2010 年 4 月期间走势图

第九节 头肩顶反转形态

头肩顶是出现频率最高的一种顶部反转形态，图 11-17 为标准的头肩顶形态示意图，它由左肩、头、右肩构成，左肩与右肩基于同高，右肩的出现表明市场上的空方力量开始占优，个股难以再度突破上行。当价格走势向下跌破颈线时，整个头肩顶形态完全形成，一轮下跌行情也将随之展开。

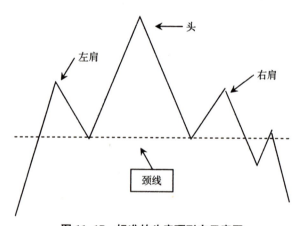

图 11-17 标准的头肩顶形态示意图

图 11-18 为中信证券（600030）2007 年 3 月至 2008 年 2 月期间走势图，此股在大幅上涨后的高位区，出现了一个形态开阔的头肩顶形态，可以看到，此股在形成左肩及头部的两波上涨走势中，其成交量要明显地小于上升趋势主升浪时的量能，这是市场买盘资金趋于枯竭的信号，再结合此股高位区所走出的这种头肩顶形态，我们就可以更为准确地预测出顶部的出现，从而展开中长线卖股离场的操作。

图 11-19 为苏州高新（600736）2008 年 8 月至 2010 年 5 月期间走势图，此股在高位区出现了一个头肩顶形态，依据这一形态，我们可以预知到顶部的出现，从而实施中长线的卖股操作。

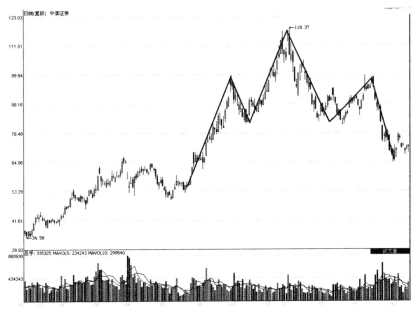

图 11-18　中信证券（600030）2007 年 3 月至 2008 年 2 月期间走势图

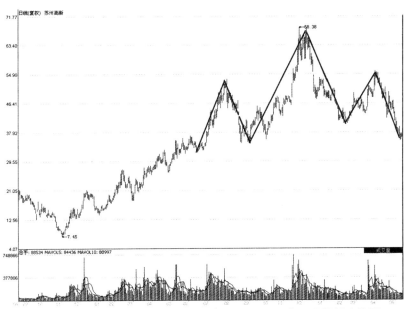

图 11-19　苏州高新（600736）2008 年 8 月至 2010 年 5 月期间走势图

第十节 圆弧顶反转形态

圆弧顶形似圆弧，它体现了多空力量循序渐进的转变过程。这种形态是多方推升力量逐渐减弱、空方抛压则逐渐增强的体现，如果个股的前期涨幅较大，则说明升势已告一段落，中期顶部也将出现，此时，我们应及时地卖股离场。

图 11-20 为宝新能源（000690）2008 年 11 月至 2010 年 7 月期间走势图，此股在高位区出现了一个圆弧顶形态，在圆弧顶形态的形成过程中，我们可以感觉到个股的明显滞涨，这正是市场抛压沉重的表现。随着时间的推移，买盘承接力量会逐步减弱，个股也会向下跌破这一圆弧顶区域。在实盘操作中，我们可以在圆弧底形态趋于明朗时，逢反弹后的相对高点进行卖股操作。

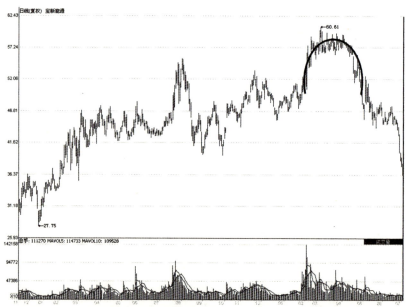

图 11-20　宝新能源（000690）2008 年 11 月至 2010 年 7 月期间走势图

参考文献

［1］李凤雷. 趋势追踪 ［M］. 北京：经济管理出版社，2013.

［2］李凤雷. 筹码为王 ［M］. 北京：经济管理出版社，2013.

［3］李凤雷. 分时点金 ［M］. 北京：经济管理出版社，2013.

［4］黄俊杰. 涨停板的 66 种分时图 ［M］. 北京：经济管理出版社，2013.

［5］黄俊杰. 短线买卖的 66 种分时图 ［M］. 北京：经济管理出版社，2013.

［6］黄凤祁. 波浪理论赢利实战 ［M］. 北京：经济管理出版社，2013.

［7］黄凤祁. 道氏理论赢利实战 ［M］. 北京：经济管理出版社，2013.

［8］黄凤祁. 江恩理论赢利实战 ［M］. 北京：经济管理出版社，2013.

［9］黄凤祁. 缺口理论赢利实战 ［M］. 北京：经济管理出版社，2013.

［10］黄凤祁. 形态理论赢利实战 ［M］. 北京：经济管理出版社，2013.

［11］陈金生. 反转高手 ［M］. 北京. 经济管理出版社，2013.

［12］黄凤祁. 股市技术分析指南 ［M］. 北京. 经济管理出版社，2011.

［13］［美］爱德华，［美］迈吉. 股市趋势技术分析（第 8 版）［M］. 程鹏，黄伯乔译. 北京：中国发展出版社，2004.

［14］［美］阿基利斯. 技术分析指标大全 ［M］. 应展宇，桂荷发译. 北京：机械工业出版社，2011.

［15］［美］尼森. 股票 K 线战法 ［M］. 寰宇证券投资顾问公司译. 北京：中国宇航出版社，2004.

［16］［美］罗伯特·雷亚. 道氏理论 ［M］. 3www 译. 北京：地震出版社，2008.

［17］［美］史蒂夫·尼森. 日本蜡烛图技术 ［M］. 丁圣元译. 北京：地震出版社，2003.

［18］李凤雷. 中国新股民入市必读全书 ［M］. 北京：经济管理出版社，

2011.

[19] 魏强斌，高山，何江涛等. 股票短线交易的 24 堂精品课（上、下册）[M]. 北京：经济管理出版社，2013.

[20] 江山. 新股民快速入门（第二版）[M]. 北京：经济管理出版社，2010.